기독교문서선교회 (Christian Literature Center: 약칭 CLC)는 1941년 영국 콜체스터에서 켄 아담스에 의해 시작되었으며 국제 본부는 미국 필라델피아에 있습니다.
국제 CLC는 59개 나라에서 180개의 본부를 두고, 약 650여 명의 선교사들이 이동 도서차량 40대를 이용하여 문서 보급에 힘쓰고 있으며 이메일 주문을 통해 130여 국으로 책을 공급하고 있습니다. 한국 CLC는 청교도적 복음주의 신학과 신앙 서적을 출판하는 문서선교기관으로서, 한 영혼이라도 구원되길 소망하면서 주님이 오시는 그날까지 최선을 다할 것입니다.

추천사 1

오 성 주 박사
감리교신학대학교 기독교 교육학과 교수
『교육신학적 인간이해』,『편견극복, 교육으로 가능한가?』저자

　올해 2월 정년퇴임을 앞두고 박은규 박사의『MZ세대를 위한 VUCA 멘토링』에 대해 추천의 글을 쓰게 되어 참으로 감개무량합니다. 밀물과 썰물은 자연의 이치입니다. 항시 밀물과 썰물이 오가듯이 한 세대가 오고 다른 세대가 지나가는 것도 당연한 일입니다. 1981년도에 감리교신학대학교에 입학하여 퇴임하기까지 줄곧 40년이 넘도록 기독교 교육에 종사해 온 추천인은 이제 썰물의 때가 왔음을 박은규 박사의 책을 읽고 추천의 글을 쓰면서 실감하였습니다.

　계주를 하는 선수가 다음 선수에 바통을 넘겨주듯 이제 박은규 박사와 같은 신세대가 끌어나가야 할 새로운 교육론이 요청되는 때입니다.

　박은규 박사는 현장 목회에서 청년들을 위한 신앙 교육에 헌신해 온 소중한 목회자입니다. 그는 청년 사역을 소명으로 받아들이면서 집중적으로 구체적인 사례들과 학자들의 연구서를 통해 새로운 시대를 맞이하는 청년 사역의 길을 모색하고 있습니다.

　특히, 이 책은 과도한 경쟁과 과잉 가능성으로 치닫는 오늘날 신자본주의 시대를 살아가면서 자연스럽게 형성된 MZ세대 문화의 중심인 청년들에게 "어떻게 신앙 교육을 할 것인가?"

이에 대한 많은 고민을 하며 그의 실제적인 목회 현장경험 사례들로부터 나온 참신한 내용을 소개한 책으로 청년 신앙 지도를 멘토링과 접목하여 실제적인 사례를 담은 탁월한 안내서입니다.

시대적으로 많은 한국 교회 청년의 신앙 교육이 약해지면서 교회들이 위기 상황 속에 처해있습니다. 이러한 상황 속에서 많은 교회가 어떻게 청년을 위한 신앙 교육을 해야 할지 방향을 잡지 못하고 포기하고 있습니다.

그러나 이 책을 통해 저자는 시대적 특징으로 나타나는 MZ세대 문화의 내면을 분석하면서 새로운 대안을 제시하고 있습니다. 소위 "뷰카(VUCA) 시대" 즉, Volatility(변동이 심하고), Uncertainty (불확실하며), Complexity(복잡하고), Ambiguity(모호한) 시대적 특징으로 보이는 MZ세대 문화의 중심이 되는 한국 교회 청년들을 위한 새로운 접근 방식의 뷰카 멘토링은 청년 신앙 교육의 실제적인 방안을 제시하고 있습니다.

무엇보다 이 책은 시기적으로 적절하고 현장 청년 목회 어려움의 갈증을 해소할 수 있는 중요한 책이라고 생각합니다. 청년 목회가 쇠약해지는 가운데 이 책은 신학생들에게 청년의 신앙 교육을 학문적으로 뿐만 아니라 현장에서 청년 목회에 관심을 가진 목회자들에게도 실제적인 청년목회의 안내서로 중요한 역할을 할 것이라고 생각합니다.

총체적 교회의 위기를 맞고 있는 오늘날, 청년 목회를 풀어갈 실마리를 제공해 주는 이 책을 통해 다시 청년 목회가 회복하여 교회 부흥의 원동력이 되길 바라는 마음으로 추천하고자 합니다.

추천사 2

조영민 목사
나눔교회 담임
『하나님을 선택한 구약의 사람들』,『세상을 사는 그리스도인』 저자

오늘날 한국 교회 안에서 가장 급속하게 사라지는 세대, 그러나 포기할 수 없는 세대인 MZ세대를 위해, 교회는 무엇인가를 해야 합니다. 그러나 바른 진단 없이 내려진 처방이 환자의 병만 키울 수 있음을 생각하면 이 세대에 대한 보다 면밀한 연구가 필요합니다.

지난 15년간 교회 교육의 현장에서 MZ세대를 대상으로 사역한 베테랑 사역자인 저자는, 이 책을 통해 이 시대와 세대를 읽어야 하는 관점과 그 관점을 근거로 한 '멘토링'이라는 대안을 제시합니다. 이 시대를 해석하는 'VUCA'라는 개념과 이 시대를 사는 이들이 느끼는 일반적인 어려움과 신앙적 어려움과 그 어려움의 중심에 있는 MZ세대를, 그가 배우고 익힌 다양한 사회학적 심리학적, 교육학적 툴로 진단합니다. 진절하고 치밀한 저자의 논리를 차근차근 따라가다 보면 저자가 왜 이 MZ세대의 신앙 교육 방법론을 '정체성 형성을 위한 멘토링'이라고 말하는지 알게 될 것입니다.

이 땅에 교회가 결코 포기할 수 없는 세대인 MZ, 당신이 그들의 신앙과 삶을 위해 무언가 고민하고 계신 분이라면, 책은 따로 적어 놓고 싶을 만큼 좋은 인사이트로 가득할 것입니다.

추천사 3

서창희 목사
한사람교회 담임
『일상에서 만난 교리』, 『친구를 위한 복음』, 『내 인생, 여기서 끝나지 않는다』 저자

    모두가 'MZ세대'라는 말을 많이 사용하지만, 젊다는 것 외에는 그들의 특징을 제대로 설명하지 못할 때가 많습니다. 그들을 분석하는 데에 그치지 않고, 사랑으로 멘토링하여 하나님 앞에 그들을 바로 세운 박은규 목사님의 인내의 결과물이 여기에 있습니다.
    이 책은 분석적이기에 MZ세대를 다방면에서 깊이 이해하기 수월하고, 신앙적이기에 크리스천 청년들을 향한 적용에 참고할만한 부분이 많습니다. MZ세대를 '신앙 안에서' 이해하고자 하는 많은 분께 이 책을 추천합니다.

추천사 4

김 맥 목사
초량교회
『하나님, 저도 쓰임 받을 수 있나요?』, 『애들아! 하나님 감성이 뭔지 아니?』 저자

    청소년 사역을 하면 생각하지 못했던 여러 가지 일들을 겪습니다. 그중에서 가장 많이 겪는 것은 선생님과 학생과의 갈등입니다. 하루는 여학생 한 명이 저를 찾아와서 눈물을 흘리며 말했습니다.
    "목사님, 정말 죄송한데요. 저 … 반 선생님 좀 바꿔 주시면 안 될까요?"
    저는 그 여학생의 말을 듣고 깜짝 놀랐습니다. 왜냐하면, 그 여학생의 담임선생님은 평소에 열정 있는 선생님으로 유명했기 때문입니다. 그런데 정작 여학생의 말을 들어보니 선생님과 반 아이들과 소통이 전혀 되지 않고 있었습니다. 그 선생님은 일방적으로 아이들을 다그치며 훈계만 했습니다. 아이들은 그런 선생님에 지쳐 괴로워하다 도저히 참을 수 없어서 저를 찾아왔던 것입니다. 그 선생님은 아이들을 향한 열정은 있었지만, 아이들과 어떻게 소통해야 하는지 전혀 알지 못했던 것입니다.
    저는 이런 경우를 정말 많이 봐왔습니다. 선생님이 아이들을 이해하지 못해 서로가 고통받는 모습을 말입니다.
    그렇다면 왜 이렇게 갈등이 일어나는 것일까요?
    결국은 세대 차이입니다. 살아왔던 시대가 너무 다르기에 세대의 간격이 너무 크기 때문입니다.

그렇다면 누가 변해야 할까요?

여기에 대한 답은 선생님들, 즉 어른이 변해야 합니다. 어른이 다음 세대를 이해하고 변할 때 아이들도 변하게 되는 것입니다.

그래서 우리는 다음 세대에 대해 알아야 합니다. 다음 세대가 어떤 생각을 하고 있고 어떤 문화 속에 살아가고 있는지 배워야 합니다. 때마침 다음 세대를 이해하는 데 도움이 되는 탁월한 책이 나왔습니다.

박은규 목사님이 쓴 『MZ세대를 위한 VUCA멘토링』은 어른이 다음 세대를 이해하는 데 좋은 책입니다. 다음 세대가 어떤 특징을 가지고 있는지 너무나 자세하게 말하고 있습니다. 그리고 더 나아가 다음 세대를 어떻게 하나님의 품 안에서 지도할지 자세히 말해 줍니다. 다음 세대를 이해하고 다음 세대를 어떻게 지도할지를 알고 싶다면 이 책을 강력히 추천합니다.

추천사 5

조광운 목사
천산중앙교회
『과잉 시대를 사는 그리스도인』, 『즉시 신앙』 저자

지금 한국 교회는 MZ세대의 신앙 교육에 사활을 걸고 있습니다. 이 세대에 속한 자들이 종교 자체를 많이 떠나고 있는 데다가 이 세대의 선택을 받지 못한 교회는 앞으로 존립 여부마저 불투명하기 때문입니다.

박은규 목사님은 MZ세대의 신앙 교육 입문서를 출간했습니다. 저자는 먼저 MZ세대의 특징과 이 세대가 겪는 갈등을 'VUCA'로 압축된 변동성, 불확실성, 복잡성, 모호성의 관점에서 이해했습니다.

이렇게 문제의 양상과 본질을 드러낸 후, 멘토링을 신앙 교육의 대안으로 제시했습니다. 대안을 제시하는 과정에서 오스 기니스, 팀 켈러, 고든 맥도날드 등의 영적 거인의 어깨를 토대로 저자 자신만의 주장을 단단하게 피력했습니다. 지자의 폭넓은 독서와 성실한 연구는 독자들을 끊임없이 설득시키며 자연스럽게 대안을 동의하는 자리에 이르게 할 것입니다. 네 명의 청년과 실제 멘토링 과정을 거쳐 남긴 기록은 독자들을 낯선 멘토링의 세계로 끌어주는 친절한 안내가 될 것입니다. 미리 원고를 받아 읽은 후 멘토링에 대해서 더 공부하고 싶은 생각이 들 정도로 충분히 도전을 준 책입니다.

이 책을 읽는 당신에게도 탄탄한 이론과 현장의 대안들이 설득력 있게 전달되기를 바랍니다.

추천사 6

나도움 목사
스탠드그라운드 대표
『나는 너의 도움이야』, 『얘들아 학교를 부탁해』 저자

"MZ세대."

"1980년대부터 2000년 초반"에 이르기까지 세대를 한마디로 같이 통칭하는 말인데, 요즘 기업이나 단체들에서 일하는 청년들을 대하는 어른들이 요상한 세대, 이해가 잘 안되는 세대로 이해하려고 하지만, 정말 쉽지 않음을 느끼며 그게 긍정적으로든, 부정적으로든 알고 싶어 합니다.

이 책은 이러한 시대의 고민과 관심 속에서 "MZ 사용서"가 되어 줄 것입니다.

이렇다! 저렇다!

이렇게 단순히 말해주기보다, 그 세대 사람들과 어떻게 소통하고, 함께 할지 다양한 꿀팁?, 방법을 소개하고 있습니다.

분명 그 바람과 소원대로 그들과 소통하기에 유용하리라 봅니다.

우선, 제가 MZ세대거든요!

제가 볼 때 괜찮으면, 분명 통하는 겁니다!!

추천사 7

김영호 군목
육군본부교회 담임
『군복입은 연금술사』, 『괜찮아, 괜찮고말고』 저자

COVID-19는 '변화'란 무엇이며, 어떻게 대처해야 하는가를 길지 않은 시간 동안 눈에 보이게 체험하게 해준 사건이 되었습니다. 이때 곱씹어 생각해 보게 되는 문장은 "격변의 시대에 가장 위험한 것은 격변 자체가 아니다. 지난 사고방식을 버리지 못하는 것이다"(Peter Ferdinand Drucker, 1909~2005)입니다.

이 말은 오늘날 조우하는 '격변', '지난 사고방식'이 무엇인지에 대해 끊임없이 질문하게 합니다. 이러한 진지한 성찰이 없다면 우리는 변화라는 '낯섦'을 받아들이기보다는 '익숙함'으로 돌아가려는 회귀 본능이란 관성에 매몰되며 이런 후회만이 남기기 십상입니다.

'누기 내 치즈를 옮겼는가?'

COVID-19와 MZ세대의 출현은 묘하게 닮아 있습니다.

'왜?', '어떻게?'

이런 질문을 끊임없이 연발하게 만들기 때문입니다. 이때 저자의 오랜 연구의 결과물인 저작을 만나게 된 것은 너무나 반갑습니다.

이 책에는 MZ세대와 끊임없이 소통하고, 그들의 삶의 문제를 함께 고민하며, 신앙 양육을 포기하지 않는 저자의 열정이 고스란히 담겨 있습니다. 저자는 '의사'와 같이 'Why?'를 물으며 변화를 진단하고, '과학자'와 같이 'How?' 를 연구하며, '목사'로 책상 위가 아닌 현장에서 MZ세대를 품어 냅니다.

  이 책은 MZ세대 사역에 대해 고민하는 이들이 현상을 바르게 진단하고, 해결책을 모색해 갈 수 있는 지침서입니다. 변동성, 불확실성, 복잡성, 모호성의 시대에 하나님의 '부르심'에 응답하는 이들을 '멘토링'하는 '멘토'입니다.

  특별히 저자와 함께 사역했던 시간을 상고해 볼 때, 이 책에 고스란히 녹아 있는 저자의 열정과 수고는 이미 MZ세대 사역의 '정답'이 아니어도 이미 '해답'이 되기에 충분하다고 생각합니다. '지난 사고방식'을 버리고 '격변'의 파도타기를 감행하는 이들에게 일독을 권합니다.

감사의 글

남다른 감회와 소감을 전합니다.

2000년 초반, 교회 학교 첫 사역을 시작하고 나서 이제 23년이 지났습니다. 유아부에서 유치부, 유초등부, 청소년부와 청년부를 섬기는 동안 갓난아이들이 어느덧 청년이 되었습니다. 그리고 이들이 성장함과 동시에 저 또한, 대학원에서 청소년 자살 예방을 위한 존재의 용기 신학을, 그리고 10년이 지나 박사 과정에서는 MZ세대의 갈등 해결을 위한 신앙 교육론을 세우며 함께 성장할 수 있었습니다. 인생의 생애 주기와 인간의 성장 발달 과정에 함께하시는 하나님의 은혜에 감사를 드립니다.

여러분께 부탁의 말씀을 드립니다. 종교계 신문을 보면 펜데믹 이후, 교회 학교 그리고 청년세대에 대한 관심이 어느 해 보다 많아졌다는 것을 느끼게 되었습니다. 다음 세대를 위한 근본적인 대안이 절실할 때 저는 '성인 진입기'(Emerging Adulthood), MZ세대를 위한 신앙 교육을 계획하였고, 영적 멘토링을 근본적인 대안으로 내놓을 수 있었습니다. 역사상 가장 유능하며, 독특한 세대, 그러나 가장 불안한 세대에게서 저는 가능성을 보았습니다. 이들과 함께 영적 멘토링을 진행하는 동안 성부, 성자, 성령님께서 MZ세대와 함께하심을 보았고 저들의 마음 깊은 곳에서 성장 가능성을 일으키시는 성령님의 역동성을 보았습니다.

그래서 MZ세대에게는 반드시 영적인 파트너가 필요하다고 생각합니다. 저와 여러분이, MZ세대에게 둘도 없는 친구로, 스승으로, 그리고 영적인 아버지로서 멘토가 되어 주시기를 부탁을 드립니다.

마지막으로 2022년 정년 은퇴하신 세 분의 목사님께 감사의 마음을 전합니다. 가장 먼저, 사랑하는 나의 아버지 되시는 박성룡 목사님께 감사드립니다. 목회자의 본이 되어 주심에 감사합니다. 늘 아버지처럼 책을 사랑하는 목회자가 되겠습니다.

그리고 장인어른 되시는 이준성 목사님께도 감사한 마음을 전합니다. 늘 아버님의 격려로 일어설 수 있었습니다. 부드러운 리더쉽을 발휘하는 목회자가 되겠습니다.

마지막으로 영적 스승이 되어 주셔서 많은 칭찬과 사랑을 베풀어 주신 오성주 교수님께 감사의 말씀을 드립니다. 교수님의 한결같은 미소와 온유함을 닮아가는 목회자가 되겠습니다.

또한, 늘 옆에서 기도와 내조로 사랑과 격려를 보내 주었던 아내 이은선 박사에게도 감사의 마음을 전합니다. 감사합니다.

MZ세대를 위한 VUCA 멘토링

VUCA Mentoring MZ Generation
Written by EunKyu Park
All rights reserved.
Korean Edition Copyright ⓒ 2023 by Christian Literature Center, Seoul, Korea.

MZ대를 위한 VUCA 멘토링

2023년 2월 28일 초판 발행

지 은 이	|	박은규
편 집	|	도전욱
디 자 인	|	박성숙
펴 낸 곳	|	(사)기독교문서선교회
등 록	|	제16-25호(1980. 1. 18.)
주 소	|	서울특별시 동대문구 천호대로71길 39
전 화	|	02-586-8761~3(본사) 031-942-8761(영업부)
팩 스	|	02-523-0131(본사) 031-942-8763(영업부)
이 메 일	|	clckor@gmail.com
홈페이지	|	www.clcbook.com
송금계좌	|	기업은행 073-000308-04-020 (사)기독교문서선교회
일련번호	|	2023-20

ISBN 978-89-341-2531-0(93230)

이 책의 출판권은 (사)기독교문서선교회가 소유합니다.
신저작권법에 의하여 한국 내에서 보호를 받는 저작물이므로 무단 전재와 무단 복제를 금합니다.

신학 박사 논문 시리즈 75

MZ세대를 위한 VUCA 멘토링

Volatility(변동성),
Uncertainty(불확실성),
Complexity(복잡성),
Ambiguity(모호성)의 시대를
살아가는 MZ세대의 진단과
신앙 교육을 위한 처방

박은규 지음

CLC

목차

추천사 오성주 박사 | 감리교신학대학교 기독교 교육학과 교수   1
      조영민 목사 | 나눔교회 담임   3
      서창희 목사 | 한사람교회 담임   4
      김　맥 목사 | 초량교회   5
      조광운 목사 | 천산중앙교회   7
      나도움 목사 | 스탠드그라운드 대표   8
      김영호 군목 | 육군본부교회 담임   9

감사의 글   11

제1장 서론   18
  1. MZ세대 연구의 중요성   18
  2. 연구 방법과 연구 범위   23
  3. 주요 용어 정리   25

제2장 현대 사회 문화 안에서 MZ세대의 이해   27
  1. 현대 사회의 이해   27
  2. 현대 사회 문화 안에서 MZ세대의 문화 이해   40
  3. MZ세대는 누구인가?   58

제3장 현대 사회 문화 안에서 MZ세대의 갈등   61
  1. MZ세대의 정체성의 혼란과 불행   61
  2. MZ세대의 공정감의 결여와 불신   65
  3. MZ세대의 기대감 저해와 불안   69
  4. MZ세대의 자존감의 상실과 불만   76

제4장 VUCA 시대, MZ세대의 파트너가 되라   81

    1. 변동성의 시대, 독특한 세대   83

    2. 불확실성의 시대, 불안한 세대   90

    3. 복잡성의 시대, 다양한 세대   100

    4. 모호성의 시대, 애매한 세대   109

제5장 VUCA 시대, MZ세대를 위한 멘토링   117

    1. 정체감 형성을 위한 신앙 교육   117

    2. 멘토링을 통한 신앙 교육   127

    3. 멘토링을 위한 시스템   137

제6장 MZ세대 정체성 형성을 위한 '뷰카'(VUCA) 멘토링   149

    1. 변동성 시대를 사는 MZ세대의 멘토링   151

    2. 불확실한 시대를 사는 MZ세대의 멘토링   164

    3. 복잡한 시대를 사는 MZ세대의 멘토링   175

    4. 모호한 시대를 사는 MZ세대의 멘토링   187

제7장 MZ세대, 멘토링으로 끌어안으라   196

    1. MZ세대를 위한 대안을 마련하라   196

    2. MZ세대를 세우는 VUCA 목회   200

참고 문헌   206

제1장

서론

1. MZ세대 연구의 중요성

2019년 11월 중국 후베이성 우한에서 원인불명의 폐렴이 발생하면서 COVID-19[1]의 감염병이 전 세계적으로 확산되었다. COVID-19의 발병은 중국 전역은 물론 주변 아시아 국가와 북미, 유럽으로 퍼지기 시작되었다.

전 세계적으로 바이러스의 전파속도를 늦추기 위해 이동을 제한하는 셧다운(Shut Down)이 시행되고 사회적 거리 두기 운동을 펼치는 등 새로운 환경을 맞이하게 되었다. COVID-19가 촉발한 경제 및 사회 전반의 파장은 가히 총체적이었으며 비대면, 비접촉(Untact) 사회의 시작은 코로나 이전과 이후 완전히 다른 세상이 되었음을 보여 준다.

1　COVID-19는 Corona Virus Disease 19의 표기법으로서 2019년 12월 최초 감염자가 중국에서 발생했다. 기침 또는 재채기 시 발생하는 비말(침방울)과 바이러스에 오염된 물건을 만진 뒤 눈, 코, 입의 접촉을 통해 급속히 전파된다. 잠복기는 최대 2주이며 (평균 7일 이내 발열, 호흡곤란 및 폐렴처럼 호흡기 감염 증상이 나타난다.) 2022년 7월 기준, 전 세계적으로 누적 확진자는 554,950,036명이며, 사망자는 6,350,448명으로 사망률은 1.2퍼센트를 보이고 있다.

이러한 예측 불가능한 시대를 가리켜 '뷰카'(VUCA)[2] 사회라고 한다. '뷰카'(VUCA)는 4차 산업 혁명 시대의 시대정신으로서 상황이 급변하고 변동성이 큰 예측 불가능한 사회를 말한다. 변화된 사회에 민감하게 반응하고 적응하는 기업들은 강력한 혁신과제를 내놓기 시작했고 구조조정을 요구하며 새로운 변화에 대응하기 시작했다. 더욱이 COVID-19의 상황은 이러한 사회의 변화를 더욱 촉진시켰다.

우리는 '뷰카'(VUCA) 시대에 20대와 30대에 주목하여 이들이 겪고 있는 갈등과 고민을 해결할 수 있는 근본적인 방안을 기독교 신앙 교육 안에서 모색할 필요가 있다. MZ세대는 인간의 발달 단계를 연구하는 학자들에 의해서 성인 초기, 혹은 초기 성인기로 부르는 세대이다. 이들은 자아 정체성이 형성되는 중요한 시기에 불확실한 시대를 살아가고 있으며 사회 문화의 혼돈 속에서 가장 많은 영향을 받는 세대가 20~30대 청년들이다.

본 연구에서 필자는 'MZ세대'[3]라 부르는 오늘날 젊은 세대의 문화를 이해하고 이들에게 필요한 신앙 교육 방법론을 고찰하고자 한다.

예측 불가능한 현대 사회와 목회의 현장에서 MZ세대의 연구가 중요한 이유는 다음과 같다.

첫째, MZ세대가 차지하는 인구 비율이 점점 높아지고 있기 때문이다.

한국 사회 세대별 인구의 절반에 가까운 44퍼센트가 밀레니얼 M세대 그리고 Z세대이다. 이들은 새로운 소비 권력으로 등장하면서 미래의 트

---

[2] '뷰카'(VUCA)는 변동성(Volatility)과 불확실성(Uncertainty), 복잡성(Complexity)과 모호성(Ambiguity)을 나타내는 말로, 각 단어의 앞 글자를 조합하여 만든 신조어이다. COVID-19의 확산과 디지털 장비의 개발과 보급 그리고 정부학의 발달로 인하여 오늘의 세계는 네 가지의 새로운 변화를 맞이하고 있다.

[3] MZ세대는 오늘날 20대에서 30대의 청년을 가리키는 용어로서, 1980년대 초 출생한 밀레니얼(M)세대와 1990년대 중반에서 2000년대 초반 출생한 Z세대를 통칭하는 단어이다. 이들은 디지털 환경에 익숙하고 최신 트렌드와 남과 다른 이색적인 경험을 추구하는 특징을 보인다(네이버 지식백과 시사상식 사전).

렌드를 주도하고 있으며 정치, 경제, 사회 문화의 전반에 걸쳐서 막대한 영향력을 행사하고 있다. 현대 사회 문화를 연구하는데 있어 핵심 연령대로 자리 잡은 MZ세대를 놓쳐서는 안 되는 시대를 맞이했다.

둘째, MZ세대를 주목하는 것은 이전에 없던 신인류 '포노 사피엔스'(Phono Sapiens)의 출현을 의미하기 때문이다.

이들은 이전에 없었던 독특한 세대로서 디지털 장비를 능숙하게 사용하며 정보처리 능력에 있어 타의 추종을 불허한다. 현대 사회에서 정보의 영향을 가장 많이 받으며 이해하고 적용하는데 있어 탁월한 인류를 더 이상 외면할 수 없기에 MZ세대의 연구는 중요한 위치를 차지하고 있다.

셋째, MZ세대는 '자기중심적' 가치관을 가진 세대이다. MZ세대는 '나' 중심의 삶을 추구하는 특징을 보이며 자기 취향을 중요하게 생각하고 자기가 좋아하는 것을 특징화하고 자기만의 세계관을 형성하여 살아간다. 현대 사회에서 MZ세대의 특징을 이해하지 않고서는 기업의 조직 문화 안에서 소통의 어려움을 극복할 수 없기에 MZ세대의 연구는 인간관계 소통을 위해 중요하다 할 수 있다.

넷째, MZ세대는 지속되는 경제 불황으로 인하여 구조조정의 여파로 고용의 불안을 느끼고 있다. MZ세대는 과거 X세대나 베이비붐세대[4]처럼 경제적 호황기를 누리지 못한 세대이다. 경제 불황과 맞물린 고용 불안 속에서 청년들의 스펙은 점점 높아져 가고 있으며 이에 따라 취업 및 결혼의 준비 기간이 점점 길어져 가고 있다. 전 세계적으로 청년 문제는 국가의 미래가 걸린 중요한 사안으로 사회적 문제로 받아들여지고 있다.

---

4   베이비붐세대는 전쟁 후 베이비붐의 사회적 경향에서 태어난 세대이며 미국에서는 제2차 세계대전 후부터, 1960년대에 걸쳐서 태어난 세대를 말한다. 우리나라에서는 6.25 전후 세대로서, 1955년에서 1963년에 태어난 세대를 말한다 (네이버 국어사전).
X세대는 1960년대와 1970년대 베이비붐세대 이후에 태어난 세대를 지칭하는 말로서, 전체적으로 정확하게 특징을 묘사하기 어려운 모호한 세대이다 (네이버 지식백과 상담학 사전).

따라서 20~30대에 이르는 (청소년들과 청년들의) 정체성 위기와 혼돈의 문제를 극복하기 위해 '건강한 정체성의 형성'이 MZ세대에게 매우 중요한 연구 과제임을 밝히고자 한다. 인간 발달 단계를 연구한 사회심리학자들과 생애주기 이론가들은 10대에서 20대에 이르는 청소년 및 청년기에 정체성의 형성이 일어난다고 보았다.

첫째, 에릭슨(Erikson)은 사회심리학적인 입장에서 인간 발달 단계를 연구하였으며 12세에서 20세에 이르는 청소년기에 정체성의 발달 단계가 진행된다고 보았다.

둘째, 성인기 생애주기 이론가 레빈슨(Levinson)은 인간의 발달 과정이 인생 구조(life Structure)[5] 안에서 진행된다고 보았으며 17세에서 40세에 '성인 초기 전환기'에 주어지는 과제를 통해 정체성이 형성된다고 보았다.

셋째, 현대 사회 문화의 관점에서 인간의 발달 과정을 연구하는 제프리 아넷(Jeffrey, J. Arnet)은 인간의 정체성 형성이 '성인 진입기'(Emerging Adulthood)[6] 시기에 이뤄진다고 보았다.

---

5 인생 구조(life Structure): 레빈슨은 인간의 생애 과정을 성인 이전기, 성인 전기(청년), 성인 중기(중년), 성인 후기(노년)의 4개의 시기로 나뉘었다. 이 가운데 성인 전기 전환기는 17세에서 22세에 이르러 나타나며 22세에서 28세에 이르는 성인 전기로의 진입기 그리고 28세에서 33세에 이르는 30대 전환기 그리고 22세에서 40세에 이르러 성인 전기로서의 안정기를 맞이한다고 보았다. 레빈슨은 인생 구조가 변화기 일어나는 전환기에 인간의 발달 과정이 일어난다고 보았다.

6 성인 진입기(Emerging Adulthood): 성인 진입기는 청소년기에서 성인기에 들어가는 진입기로서 청소년기 및 성인기와 구분되는 개념이다. 성인 진입기의 독특한 특징으로서 정체성의 발달과 도덕과 인지발달에 중요한 영향을 미치는 인간의 발달 과정이다.

성인 진입기는 학자들에 따라 성인 모색기, 성인 탐색기, 성인 발현기로 다양하게 연구되고 있으며 무엇보다 성인 진입기는 청소년과 성인기 사이에 위치 하고 있다. 성인 진입기(Emerging Adulthood)는 정체성 형성을 위한 탐색이 진행되는 단계로서 아넷은 성인 진입기의 중요한 특징으로 '불안정의 시기', '자기 초점적 시기', '가능성의 시기' 그리고 중간에 '끼어 있는 시기'라고 보았다. 그리고 성인 진입기의 정체성 형성을 위한 중요한 과제로서, 일(취업)과 관계(결혼) 그리고 가치관(이념)의 형성이 중요한 과제라 보았다.

정체성 혼돈의 상황 속에서 필자는 MZ세대의 인생의 과제를 해결하기 위해 신앙 교육론적 접근에서 멘토링을 제안하고자 한다. 멘토(Mentor)는 정체성 혼돈의 시기에 청년들에게 나침반과 같은 안내자가 되어줄 수 있으며 이들이 성인이 되어가는 과정에서 위기와 갈등을 해결하도록 돕는 인도자가 될 수 있다. 과거 한국 교회에는 멘토의 역할을 해오던 선배나 신앙 공동체가 있어서 방황하는 이들을 잡아주던 선배가 있었고 좋은 친구들이 있었다.

그러나 오늘날 현대 사회는 개인 중심주의적 사고방식은 더이상 다른 사람의 인생에 관하여 참견하지 않게 되었고, 신앙의 개인화로 인하여 공동체의 활동이 약해지고 있다. 이러한 상황 속에서 오늘날 기독교 신앙 교육으로서의 영적 멘토링은 MZ세대의 위기와 갈등 속에서 정체성의 혼란을 극복하고, 공동체성을 회복할 수 있는 좋은 대안이 될 수 있다.

성인 진입기의 MZ세대에게 중요한 멘토링의 주제는 일과 사랑 그리고 이념(가치관)이다. 이 가운데 심각한 사회문제로서 진로 및 취업에 관한 문제는 청년들에게 중요한 멘토링의 주제가 될 수 있다. 일자리 문제가 해결되지 않음으로 청년들은 구직 활동 기간이 점점 길어짐에 따라 학교도 직장도 다니지 않는 '니트족'[7]이 172만 명을 넘어서게 되었다. 이는 전체 청년 중 14퍼센트에 해당하는 숫자이며 COVID-19 충격의 영향으로 파악된다. 이러한 상황 속에서 영적 멘토링은 진로 정체성을 형성하며 갈등과 위기를 해결하기 위한 좋은 신앙 교육 방법의 대안이 될 수 있다고 본다. 청년들의 진로 정체성을 형성할 수 있도록 필자는 오늘날 현대 신학자 및 영성가, 설교가들의 조언을 통해 MZ세대를 위한 '뷰카'(VUCA) 멘토링의 모델을 세워보고자 한다.

현대 사회 안에서 MZ세대의 문제를 해결하는데 'VUCA 영적 멘토링'이 의미 있는 역할을 하며 한국 교회의 청년 신앙 교육에 많은 기여를 할 수 있으리라 사료된다.

2. 연구 방법과 연구 범위

제1장에서는 현대 사회를 규정하는 '뷰카'(VUCA) 시대의 네 가지 키워드인 '변동성', '불확실성', '복잡성', '모호성'에 관하여 오늘날 사회 현상을 설명하였다. 무엇보다 COVID-19의 확산과 '뷰카'(VUCA) 시대의 두드러진 현상이 우리의 일상을 어떻게 변화시켰는지를 고찰하였다.

제2장에서는 오늘날 현대 사회 문화 속에서 나타나는 MZ세대라 불리는 청년세대의 문화를 청년 트렌드 조사 자료와 신문 및 방송 보도 자료를 통해 오늘날 MZ세대의 특징을 연구하였다. 본 연구를 통해 한국 사회 및 한국 교회에서 중요한 역할을 하는 청년들과의 소통을 돕기 위한 자료를 분석하였다.

---

[7] 정진호, "청년 '니트족' 172만 명 … 15~34세 10명 중 1명은 일도 공부도 구직도 안해"「중앙일보」2021년 11월 26일.

제3장에서는 MZ세대가 겪는 사회, 문화의 갈등을 다루었다. MZ세대는 10대 후반에서 20대 후반 및 30대에 걸쳐 정체감의 혼란과 공정감의 결여, 자존감의 저해와 기대감의 상실을 겪는 청년의 모습을 살펴보았으며 이와 관련된 도서와 보도 자료를 참고하여 서술하였다. 이러한 연구 과정은 MZ세대의 숨겨진 그늘과 아픔이 무엇인지를 알게 하고 나와 다른 오늘의 MZ세대를 깊이 이해하도록 돕는다.

제4장에서는 MZ세대가 겪는 위기와 갈등 속에서 두 가지의 접근으로 문제를 바라보려고 하였다. 가장 먼저 오늘날의 세대 문화가 어떻게 발생하는지를 사회학적 관점에서 연구하였으며, 세대 의식을 형성하는 데 있어 집단 정체감의 형성이 중요한 역할을 하는 것을 발견하였다. 또한, 세대별 고유한 문화가 어떻게 만들어지고 어떻게 세대별 명칭이 부여되었는지를 살펴보았다. 이러한 연구를 통해 각 세대의 고유한 특징과 문화를 이해할 때 세대의 갈등은 해결할 수 있다. 이를 위해 본 연구는 정체성의 형성 과정과 형성을 위한 인생의 구조 그리고 형성 시기를 인간 발달 단계 연구 이론 등을 통해 접근하였다.

제5장에서는 MZ세대의 위기와 갈등을 신앙 교육론으로 접근하고자 하였다. 오늘날 MZ세대의 정체성 유예기간 동안 신앙을 통한 정체감을 성취할 수 있도록 신앙 교육론을 멘토링으로 제시하였다. 본 연구를 통해 오늘날 MZ세대의 '성인 진입기' 시기 정체성 형성에 영적 멘토링이 중요한 역할을 할 수 있음을 확인하였다.

제6장에서는 MZ세대의 정체성 형성을 위한 영적 멘토링을 실시하고자 하였다. 이를 위한 영적 멘토링을 '뷰카'(VUCA) 멘토링이라 이름을 붙였다. 현대 사회의 실상에 맞는 네 가지 즉 변동성, 불확실성, 복잡성 그리고 모호성을 주제로 '뷰카'(VUCA) 멘토링을 실시하였다. 대인관계 상호인식의 틀로 사용되는 '조해리의 창'을 통해 청년들의 숨은 성장영역을 확인하였고, 하나님의 뜻과 계획을 통해 보이지 않는 미래 속에서

소망과 용기를 갖게 되었다.

3. 주요 용어 정리

본 연구의 중요 용어 정리를 세 가지 단어로 정리하려고 한다.

첫째, 오늘날 현대 사회를 관통하는 핵심 용어 'VUCA'다.
수많은 학자는 오늘날 현대 사회는 모든 변화가 복합적으로 이루어지는 과도기적 혼란의 시대라고 말한다. 이것을 흔히 '예측 불가능한 시대, 'VUCA'라고 부른다. '뷰카'(VUCA)의 용어를 정리하자면 '뷰카'는 다음과 같은 4가지로 이루어져 있다.

(1) 변동성(Volatility)
변화의 추이를 예측할 수 없고 예고 없이 극단적으로 환경과 상황이 변화되는 것을 말한다.
(2) 불확실성(Uncertainty)
현재는 실제 경험하기 전까지 그 무엇도 알 수 없는 예측 불가능한 모습을 갖는다는 것이다.
(3) 복잡성(Complexity)
하나의 상품, 비즈니스가 아닌 다양한 상품, 비즈니스, 회사, 직무 그리고 고객이 엮어있는 복잡한 모습을 가리킨다.
(4) 모호성(Ambiguity)
보는 관점에 따라 다양한 방식으로 해석될 수 있는 모호한 상황이나 정보 이슈 등을 가리킨다.

둘째, 이처럼 필자가 현대 사회를 'VUCA'시대로 지칭하는 이유는 오늘날 청년세대의 문제를 해결하기 위해서는 좀 더 현실적인 접근이 필요하기 때문이다. 예측 불가능한 현실 속에서 구체적인 대안을 제시할 수 있도록 필자는 현대 사회 문화의 관점에서 청년들을 이해하고자 하였다.

또한, 본 연구의 주요 용어는 오늘날의 청년세대인, 'MZ세대'다.

MZ세대라고 하는 용어는 밀레니얼세대(Millennial Generation)와 Z세대를 합쳐 부르는 단어로서, 세대를 연구하는 학자마다 조금씩 차이는 있지만, 1981년부터 1996년 출생자인 밀레니얼세대는 아날로그와 디지털 기술을 동시에 경험한 세대라는 특징을 갖고 있다.

반면 Z세대는 1997년 이후 출생자를 가리키는데 이들은 태어나면서부터 스마트폰을 손에 넣으며 디지털 기술을 습득한 세대이다. 현대 사회의 모든 청년을 MZ세대라 부르며 이들이 공통된 특징을 갖는다고 일반화할 수 없지만, 무엇보다 현실적으로 청년세대의 문제점과 위기감을 잘 부각시켜 준다고 볼 수 있다.

셋째, 마지막으로 본 연구의 주요 용어는 청년들의 건강한 자아 정체성을 형성하기 위한 실질적인 교육 방법으로서 '멘토링'(Mentoring)이다. 멘토링은 멘토(Mentor)가 가진 지식과 경험을 가지고 멘티(Mentee)를 지도하는 것으로 성과나 목표, 결과에 초점을 두는 코칭과 성격이 다르다고 할 수 있다.

멘토링은 경험과 지식이 풍부한 멘토를 통해 인생의 도움이 되는 지도와 조언을 받으며 자기 실력과 잠재력을 개발하는 것을 말한다. 성인 진입기는 인생의 중요한 시기로서 정체성 탐색을 위한 안내와 지도가 필요한 시기이며 멘토링은 가치관 및 정체성의 형성 과정에 주요한 도움을 준다.

제2장

현대 사회 문화 안에서 MZ세대의 이해

1. 현대 사회의 이해

오늘날 현대 사회를 부르는 새로운 용어를 뷰카(VUCA) 시대라고 부른다.[1] 이것은 '변덕스럽고 불확실하고, 복잡하고 애매모호한' 예측 불허의 사회상황을 가리키는 단어이며, 네 가지 중요한 사회 문화의 특징을 포함하고 있다. 그것은 변동성(Volatility), 불확실성(Uncertainty), 복잡성(Complexity), 모호성(Ambiguity)이다. 이 네 앞 글자를 따온 말이 VUCA(뷰카)이다. 오늘날 현대 사회를 가리키는 대명사가 되었다. 이 용어는 1987년 미국 육군대학에서 최초 제시한 개념으로서 뷰카는 2차 세계대전 소련의 붕괴로 미국과 소련의 냉전 위험이 사라지자 예측하기 어렵고 새로운 위험과 도전이 대두되는 환경을 설명한다.[2]

2020년부터 발생한 COVID-19라는 전대미문의 감염병은 현대 사회 문화에 이전에 없던 큰 충격을 가져왔다. COVID-19의 감염병과 확산 속에서 오늘날 현대 사회 문화는 '뷰카'(VUCA) 시대가 무엇인지를 확연히

---

[1] 장대은, "청년에 변화 요구하려면 먼저 지도자가 변해야 된다" 『국민일보』 2021년 10월 12일.
[2] 장기요, "뷰카(VUCA) 시대, 인재의 조건" 『전북도민일보』 2021년 4월 8일.

보여준다고 할 수 있다. 필자는 COVID-19로 맞이한 급격한 사회 문화의 특징이 무엇인지 '뷰카'(VUCA)를 통해 하나씩 살펴보려고 한다.

1) 변동성 (Volatility)

2020년 COVID-19는 오늘날 전 세계에 엄청난 규모의 경제적 혼란을 초래하고, 정치·사회·지정학 등 다양한 차원에서 이전에 없던 변화를 일으켰다.[3] 무엇보다 중요한 것은 COVID-19가 오늘날 우리의 삶을 뿌리부터 흔들고 있으며 자연환경, 산업과 일자리, 국가와 정치, 금융과 부동산, 교육 그리고 삶의 방식과 태도까지 모든 면에서 변화를 요구하고 있다는 점이다.[4] 세계 경제포럼 회장을 맡은 슈밥(Schwab)은 코로나 팬데믹 상황 이전으로 돌아가는 정상화는 사실상 불가능하며 2020년 초까지 우리가 알고 있던 세상은 팬데믹의 맥락 속에서 용해되어 더 이상 존재하지 않을 것이라 말한다.[5]

COVID-19 발생 이후 시행되는 사회적 거리 두기는 현대 사회 문화의 대변동을 생활 속에서 경험하게 했다. 미국의 문화 인류학자 에드워드 홀(Edward T. Hall)은 자신의 저서 『숨겨진 차원』(The Hiden Dimension)에서 인간관계의 거리를 네 가지 유형으로 분류하였다.[6]

---

[3] Klaus Schwab, 『클라우스 슈밥의 위험한 리셋』, 이진원 옮김 (서울: 메가스터디북스, 2021), 15.
[4] Glenn Jerome, 『세계 미래 보고서』, 박영숙 옮김 (서울: 비즈니스북스, 2020), 13.
[5] Klaus Schwab, 『클라우스 슈밥의 위험한 리셋』, 16.
[6] 에드워드 홀의 인간관계 거리 4유형
첫째, 친밀한 거리(Intimate Distance): 손만 뻗으면 닿을 정도의 46cm 미만의 거리이다. 여기에들어올 수 있는 것은 오직 가족이나 연인뿐이다.
둘째, 개인적 거리(Personal Distance): 46cm에서 120cm의 공간으로 친구 또는 가까운 지인들이 공간 안에 들어올 수 있다.
셋째, 사회적 거리(Social Distance): 120cm에서 360cm의 거리 공간으로 공적인 관계의 사람이 들어올 수 있다. 업무적 관계, 종교 활동 및 사회적 관계로 연결된 사이이다.

COVID-19로 새로운 거리가 등장하였는데 감염과 질병 예방을 위해 기침과 재채기에 발생하는 비말 거리를 고려한 것을 사회적 거리(1~2m)라고 말한다. 사회적 거리 두기는 상호 간 불필요한 접촉을 차단하기 위해 제도화되었다. 사람과 사람 사이에 거리를 두는 비대면 문화는 바이러스의 감염과 전파의 위험 속에서 위험하고 불편한 것으로 다가왔으며 사람의 심리를 위축되게 하였다.

COVID-19 이후 발생한 비대면 문화를 오늘날 언택트(Untact) 문화라고 말한다. 감염을 막는 예방 차원에서 시작된 비대면 문화는 접촉을 뜻하는 콘택트(Contact)와 반대를 뜻하는 언(Un)을 합쳐 언택트 문화로 세상을 빠르게 변화시켰다. 이러한 일상에서 비대면 접촉과 소통의 문화 그리고 일상 속 재택근무와 원격교육은 그 누구도 예측하지 못했던 대변동의 모습이다.

한국 사회의 트렌드와 문화를 분석하는 김용섭 작가는 『언컨택트』에서 트렌드의 키워드이자 신조어로서 더 강렬한 느낌을 갖기 위해 오늘날 비대면 문화로 언컨택트(Uncontact)의 단어를 사용했다. 디지털 문명으로의 전환과 비대면의 온라인 사회는 오늘날 우리가 마주하는 사회의 변동성은 생계와 직결된 생존의 모습으로 그 심각성이 크게 부각 되었다.[7]

한편, 과학기술정책연구원(STPEI)은 포스트 코로나를 맞이하여 오늘날 생존에 찾아오는 변화를 피할 수 없는 것으로 받아들이며 미래비전을 설계해야 한다고 말한다. COVID-19가 촉빌한 사회 분야의 전례 없는 변화상을 중점적으로 다루며 포스트 코로나 시대의 미래를 찾아내기 위해 향후 나아가야 할 방향에 대해 공간, 이동, 먹거리, 건강이라는 4대 핵심

넷째, 공적인 거리(Public Distance): 360cm의 이상의 거리로서 공연장에서 공연자와 관람자와의 거리, 강사와 청중의 거리 두기가 해당 된다.
7 최재봉, 『체인지 9』(서울: 쌤앤파커스, 2020), 7.

분야를 선정하기도 했다.[8]

가장 먼저 포스트 코로나 시대의 대변동은 공간의 변화에서 관측된다. 코로나19와 함께 일상의 생활 공간, 거래 공간, 도시 공간이 빠르게 변하고 있다. 일터에서는 재택근무가 일상화되고 있으며 업무용 협업 솔루션을 통해 소통하고 있다. 더 이상 사무실이나 회의실은 필요하지 않으며 일의 공간은 점점 확장되고 있다.[9] 교육 공간도 마찬가지이다. 감염 예방을 위해 많은 학교가 휴교에 처해 지고 집에서 온라인 수업을 병행하였다. 문화 활동에서는 여행과 공연은 360도 VR기술을 적용한 랜선 여행, 5G와 AR기술을 적용한 비대면 여행 서비스가 개발 시행되고 있으며 공연에 있어서도 이미 방탄 소년단(BTS)의 경우 온라인 콘서트에 전 세계 75만 6,000명이 접속하여 관람하였다.[10]

또한, 운동 생활에 있어 다중시설 이용 제한에 따라 헬스장에 가는 대신 집에서 트레이닝을 하는 '홈트'가 각광을 받고 있다. SSG닷컴에 따르면 2020년 2월 1일부터 4월 12일까지 헬스, 요가 등 홈 트레이닝 상품 매출은 직전 두 달 동안의 매출 대비 35퍼센트가 늘어났다.[11] 금융 생활에서도 공간의 변화는 눈에 띈다. 대면 서비스가 줄어들고 있는 은행의 경우 2020년 1/4분기에 80개의 은행지점이 폐쇄되었고 많은 이들이 코로나 이후 카카오뱅크와 같은 편리한 인터넷 뱅킹 서비스에 가입하였다.[12]

마지막 판매 공간의 변화에 있어 온라인 쇼핑의 소비 신장률은 20퍼센트 가까이 유지되는 반면 대형마트나 슈퍼마켓은 3~5퍼센트씩 매년 감소하고 있기에 여기에 해당하는 인력의 감축도 불가피한 상황이다.[13] 종

---

[8] 과학기술정책연구원, 『포스트코로나 일상의 미래』(서울: 청림출판, 2021) 12.
[9] 과학기술정책연구원, 『포스트코로나 일상의 미래』, 29.
[10] 과학기술정책연구원, 『포스트코로나 일상의 미래』, 30.
[11] 과학기술정책연구원, 『포스트코로나 일상의 미래』, 31.
[12] 최재붕, 『체인지 9』(서울: 쌤앤파커스, 2020), 37.
[13] 최재붕, 『체인지 9』, 42.

교 생활에서도 공간의 변화가 눈에 띈다. 포스트 코로나 시대에는 공적 집회를 지양하는 분위기 속에서 온라인 비대면 예배가 일상화되고 있다. COVID-19 팬데믹 상황 속에서 KT가 출시한 '우리교회TV'는 2020년 3월 기준으로 약 190개 교회가 운영하고 있으며 현재 200만 명의 교인이 서비스를 이용하고 있다.

이러한 공간의 사용과 이용 형태의 변화는 일자리에서 눈에 띄는 변동을 일으켰다. 오늘날 사회 현상 가운데 많은 이들이 비대면, 재택 근무의 열풍을 타고 한 직장에만 얽매이기보다 여러 직장에 자발적으로 단기 취업을 하며 여러 일을 동시에 맡는 '긱 이코노미'(Gig Economic)[14] 현상이 나타나고 있다. 인력은 필요하나 정규직 채용이 부담스러운 기업에게는 '긱 워커'(Gig Worker)가 주목을 받고 있는 상황이다.[15]

이러한 경제 형태의 변화는 대학입학에 있어서도 다양한 변동을 가져왔다. 취업률이 낮은 인문, 사회, 자연, 예체능 계열의 입학자 수가 감소하고 있으며 10년 사이 대학의 주요 핵심 학과가 공학 계열 소프트웨어 공학, 의약 계열의 간호학과가 증가하고 있다. 전통적으로 취업률이 높은 의약 계열은 입학자 수가 7,107명이 증가했고, 공학 계열은 입학자 수가 3,895명이 증가했다. 취업률은 의약 계열이 84.4퍼센트, 공학 계열은 67퍼센트를 기록했다. 경제 불황이 계속되며 COVID-19의 여파로 인하여 학과 쏠림현상은 이전보다 심해졌다.

---

14 '긱'(Gig)은 임시로 하는 일을 뜻하는 단어로서 필요에 따라 수요에 따라 단기적으로 계약을 맺는 형태를 말한다. 과거 미국에서 여러 재즈 바를 돌며 잠깐씩 일을 봐주는 연주자를 가리키는 용어로 사용되었다. 긱 워커는 비정규직 근로자와 유사해 보이지만 이들은 자발적으로 계약직을 선호하는 사람들이다. 정규직으로 취직을 원하나 여건이 되지 않아 차선책으로 택하는 기존 기간제 근로자와는 다른 개념이다. 이러한 긱 워커의 상당수는 디자인, 개발자, 마케팅과 같은 전문직이라는 점에서 단기 알바와도 구별된다.
15 이종화, "한 직장에 얽매이기 싫다… '긱 워커' 전성시대가 온다"「매일경제」2021년 8월 31일.

그뿐만 아니라 인문 계열 전공 가운데 심리학은 현대 사회에서 심리적, 정서적, 사회적 장애를 겪고 있거나 스트레스와 사회적 갈등이 심화함에 따라 이를 해결하고자 하는 수요가 급증하여 심리학 전공의 학과 수는 41개에서 85개로 2배 이상 증가했다.[16]

이처럼 COVID-19는 익숙한 삶의 형태에 많은 변화를 가져왔으며 직업군의 지각변동을 일으키고 있다. 과거 유망해 보이던 직업들은 하나둘씩 사라져가고 있으며 청소년들의 진로 탐색 및 청년들의 구직 활동에도 많은 혼란을 초래하고 있다.

2) 불확실성(Uncertainty)

한국 사회는 COVID-19로 급격한 경기 침체를 맞이하게 되었고, 세계 경제는 1930년대 이후 유례없던 최악의 불황에 직면했다. 전염병의 대유행은 여전히 진행 중에 있으며 건강 및 경제성, 공공부채, 고용 및 인간 복지 등 세계 기업과 각국의 경제에도 심각한 영향을 미치고 있다.[17]

「월스트리트 저널」은 팬데믹과 같은 글로벌 전염병이 과거보다 더 정규적으로 자주 일어난다고 발표했다.[18] COVID-19 팬데믹은 우리가 너무 오랫동안 적절하게 대처하지 못했던 기존의 위험들마저 악화시키고 있기에 장기간에 걸쳐 쌓아온 불안정한 추세는 가속화될 것으로 예측된다.[19] 이러한 불확실성 속에서 유발 하라리(Yuval Harari)는 COVID-19의 위기로 인하여 세상이 어떻게 변화될 것인지 예측하기란 불가능해졌다고 말한다.[20]

---

16 문영훈, "10년 사이 대학 핵심 학과 대변동...IT관련 첨단학과 웃었다," 「EDUJIN」 2021년 4월 26일.
17 Jerome Glenn, 『세계 미래 보고서』, 16.
18 Jerome Glenn, 『세계 미래 보고서』, 11.
19 과학기술정책연구원, 『포스트코로나 일상의 미래』 (서울: 청림출판, 2021), 20.
20 Jeremy Rifkin, 『오늘부터의 세계』, 안희경 옮김 (서울: 메디치미디어, 2020), 9.

포스트 코로나 시대를 맞이하여 우리가 직면한 가장 심각한 위험 중 하나가 사회 불안이다. 전문가들은 일부 극단적인 경우에 사회적 붕괴와 정치적 몰락으로 이어질 수 있다고 예상한다.[21] 이미 COVID-19가 세계를 뒤덮기 이전 사회적 불안은 고조된 상태였으며 COVID-19 이후 학계에서는 사회적 불안이 이보다 한 층 더 높아졌다고 분석했다.[22] 불안한 사회의 모습 가운데 한 예시로 사재기 현상을 볼 수 있다. 한동안 홍콩, 일본, 미국, 영국, 이탈리아, 스페인 등에선 화장지 사재기 현상이 심각한 사회문제로 대두되었는데 미래에 대한 불안정한 심리가 전 세계적으로 확산된 것이다.

이러한 사회적 현상은 사실, 화장지 공급에는 아무런 문제가 없으나 사람의 마음속에는 불확실성과 두려움에 대응하기 위해 모종의 행동을 해야 한다는 '심리적 기제'(Psychological Mechanism)가 발동했음을 보여 준다.[23] 불명확한 상황에서는 가만히 서서 기다리는 것이 더 유리 함에도 불구하고 대부분의 사람은 매 순간 뭔가를 하고 싶은 충동을 느끼고 살아가게 되었다.[24] 이러한 사회적 불안은 자연스럽게 경제위기와 연결된다.

스웨덴의 산업가인 야코프 발렌베리(Jacob Wallenberg)는 위기가 장기간 지속되면 실업률은 20~30퍼센트에 이르고 경제는 20~30퍼센트까지 역 성장할 수 있으며 회복을 기대할 수 없는 수준이 될 것이라 전망했다.[25] 그런데 충격적인 것은 COVID-19 상황 속에서 전 세계가 공통적으로 실업률이 20~30퍼센트를 넘고 있으며 2020년 2분기에 대부분의 경제가 발렌베리의 예견을 뛰어넘고 있다는 것이다.[26]

---

21 Klaus Schwab, 『클라우스 슈밥의 위험한 리셋』, 105.
22 Klaus Schwab, 『클라우스 슈밥의 위험한 리셋』, 106.
23 정인호, 『언택트 심리학(코로나에 숨은 행동심리)』 (서울: 청출판, 2020), 80.
24 정인호, 『코로나에 숨은 심리 언택트 심리학』, 82.
25 Klaus Schwab, 『클라우스 슈밥의 위험한 리셋』, 107.
26 Klaus Schwab, 『클라우스 슈밥의 위험한 리셋』, 107.

그뿐만 아니라 청년세대는 내 집 마련이나 가족계획의 가능성이 점점 감소하고 비표준적 일의 형태가 확대되고, 2050년 탄소 중립 사회의 전환을 위한 산업구조의 개편으로 삶의 불확실성은 점점 커지고 있다.[27] 점점 거세지는 사회 문화 그리고 경제의 포스트 코로나 위기 가운데 불확실한 미래에 안정을 도모하기 위해 많은 젊은이들이 공무원이나 교사와 같이 미래가 보장된 안정적 직업으로 몰리고 있다.

이러한 불확실한 시대에 한국 사회에서 노동시장의 구조적 변화로 인한 삶의 불안전성은 청년세대를 잠재적 실업자로, 장기 실업자나 구직 단념자의 '니트족'[28]의 모습으로 나타나고 있다.

이미 15세에서 29세에 이르는 경제 활동 참가율은 2,000년 이후 지속적으로 감소하고 있으며 2021년 통계청에 따르면 경제 활동의 참가율은 2000년 47.3퍼센트에서 2013년 42.9퍼센트까지 감소했고 2020년에는 46.4퍼센트 증가했음에도 여전히 절반 이상의 청년들이 경제 활동에 참가하지 않았다고 보고되었다.[29] 위기가 일상화가 된 '불확실성의 시대'에 청년의 일자리 문제는 이제 국가가 나서서 해결해야 하는 중대한 사안이 되었다.

---

27 한남진, "적극적 노동시장 정책으로 확대해야," 「내일신문」 2022년 4월 5일.
28 니트(NEET)는 구직 의사도 없고 교육이나 직업훈련도 받지 않는 청년을 말한다. 취업준비생이나 진학준비생도 경제협력개발기구(OECD)기준으로는 니트족으로 분류된다. 청년 니트족 비율은 2017년 18.4퍼센트로 OECD 38개국 중에 7번째로 높다.(OECD 평균 니트족의 비율은 13.4퍼센트이다.) 특히 전문대 졸 이상 고학력 니트족의 비율은 2019년 36.9퍼센트에서 2020년 41.3퍼센트까지 증가했으며 대학 진학률은 2017년 기준 68.9퍼센트로 매우 높다. OECD는 한국 청년들이 분절화된 노동시장으로 비효율적인 과잉 교육을 받고 있다고 분석한다.
29 한남진, "적극적 노동시장 정책으로 확대해야," 「내일신문」 2022년 4월 5일.

3) 복잡성(Complexity)

현대 사회 문화의 발전은 COVID-19와 함께 큰 위기로 다가왔지만 동시에 디지털의 초연결 시대의 진입을 앞당겼다. 초연결 사회란 인터넷과 모바일 기기, 센서 기술의 발달과 진화로 사람과 사물과 같이 모든 것이 네트워크로 연결된 사회를 말한다.[30]

사물인터넷의 발달은 기존의 컴퓨터, 모바일 기기를 넘어서서 가정 안에서 온도조절장치, 자동차, 애완동물의 추적 장치 및 의사소통 도구에 이르기까지 급속하게 확장되고 있다. 비대면 사회는 접촉의 단절을 의미했지만, 사람 간의 직접적 접촉은 줄어들어도 반대로 데이터의 실시간 연결은 크게 늘어 났다. 이것이 오늘날 언컨택트 사회의 중요한 특징이다.[31]

복잡성을 띈 기술의 발달과 데이터의 축적은 COVID-19 시대에 연결되지 않으면 살 수 없는 사회를 만들었다. 사람과 사람, 사람과 사물을 둘러싼 데이터의 수집과 활용을 통해 라이프 스타일은 물론 사회, 정치, 경제, 산업의 방향이 바뀌게 되었다.[32]

인공지능이 탑재된 사물인터넷은 나노기술의 발전으로 인하여 의학, 에너지 효율 등 새로운 일상 속 우리의 삶을 새로운 차원으로 이끌어 내고 있다. 과학자들은 밀리미터나 미크론(100만분의 1미터) 단위의 센서의 크기를 사람의 몸 안에 넣을 수 있는 가장 작은 나노미터(10억분의 1미터) 단위로 축소하기 시작했다.[33] 나노센서는 크기가 매우 작아 수백만의 정보를 수집하는 것이 가능하며 다양한 데이터 정보를 종합하여 신체의 지도를 갖게 되며 우리의 삶 속에 100억 개가 넘는 기기들이 서로 연결되어

---

30 김용섭, 『언컨택트』(서울: 퍼블리온, 2020), 273.
31 김용섭, 『언컨택트』, 273.
32 김용섭, 『언컨택트』, 277.
33 Jerome Glenn, 『세계 미래 보고서』, 342.

있는 복잡성을 띠게 된다. 향후 몇 년 내에는 뇌로 통제되는 인공기관들이 만들어질 것이 예상된다.

2030년 정도가 되면 1970년대 TV 시리즈 [육백만 불의 사나이]에서 보았던 시각, 청각, 체력 등을 강화하는 기기들이 개발된다.[34] 인공지능의 발달로 복잡성의 큰 영향을 받는 분야가 교육이다. 가까운 미래에는 대학 교수의 지식보다 새롭게 업데이트되는 인공지능이 훨씬 탁월할 것으로 예상한다.[35]

온라인을 통해 비대면 수업이 진행되는 오늘날의 교육환경은 과거보다 다양한 정보의 습득이 가능케 할 것이며 지식을 전달하는 대학이 따라잡을 수 없을 정도의 속도로 발전하고 있다. 구글(Google)의 양자 컴퓨터 '시커모어'(Sycamore)는 슈퍼컴퓨터가 일만년 동안 처리해야 하는 연산 분석을 3분 이내에 하며 일론 머스크(Elon Reeve Musk)의 '뉴럴링크'(Neuralink)는 AI 칩으로 뇌와 컴퓨터를 연결하기 시작했다. 그래서 인공지능 환경에서는 인간은 점점 인공지능의 속도와 분량, 정확성을 결코 따라잡을 수 없게 되었다.[36]

이러한 현대 사회의 복잡성은 다양성과 동시에 복잡한 근로조건에 일하는 근로자의 건강 문제에 많은 관심을 일으키고 있다. 복잡해지는 인간관계와 경제 사회적 복잡성은 인간에게 있어 정신적 질환을 일으키고 있다. 현대 사회의 복잡성에 따른 정신적 질환에 대한 대책이 시급한 상황이다. 지속적 경제 불황과 실업률의 증가로 젊은 청년부터 전 연령층에 이르기까지 심리적 고통, 초고령 사회로 인한 인간의 소외 문제, 고독감과 삶의 무기력으로 인한 치유프로그램에 대한 중요성은 점차 대두되고 있다.[37]

34　Jerome Glenn, 『세계 미래 보고서』, 368.
35　Jerome Glenn, 『세계 미래 보고서』, 105.
36　Jerome Glenn, 『세계 미래 보고서』, 143.
37　강환웅, "최고의 통합의료서비스 모델 제시위해 최선을 다할 것," 「한의신문」 2022년 4월 1일.

또한, 작업 환경과 근로자 건강에 대한 지식의 불확실성과 복잡성은 노사 간 이해관계의 충돌로 이어지기도하며 언제든지 갈등이 심화되어 사회적 문제를 야기시킬 수 있다. 특정 회사에 상시 소속되지 않은 일용직 근로자의 경우 근로조건 및 환경의 복잡성으로 인하여 건강관리에 많은 유해 요인이 발생하고 있다.[38] 사회의 구조와 기능이 복잡화됨에 따라 근로자의 건강관리에도 혁신적인 변화가 요청되는 시대이다.

4) 모호성(Ambiguity)

모호성이라는 개념은 불명확한 상태에서 복수의 서로 상충하는 해석이 존재하는 상태를 말하며 현재 상황을 해소할 정보의 획득이 단시간에 불가능함을 의미한다.[39]
이러한 상황속에서 이해와 해석이 서로 엇갈리는 상황이 발생한다.

첫째, COVID-19의 상황 속에서 발생하는 모호성이다.
전 세계적으로 감염 예방을 위한 조치로 사회적 거리 두기가 시작되었다. 이것은 감염과 질병으로부터 개인 건강을 위해 지켜야 하는 사회 유지의 기본 질서다. 그러나 사회적 거리 두기에 의해 관계는 단절되고 소통은 차단되었다. 감염의 예방과 철저한 방역의 필요성과 동시에 사회적 문제로 결국 고독과 고립을 낳게 되었다.
COVID-19로 인하여 사회적 거리 두기는 개인의 위생 안전과 건강을 위한 것이지만 동시에 개인 및 인간관계에 있어 심각한 사회적 질병을 야기한다. 2020년 5월, 영국 국민건강보험의 정신 건강 담당 임상의는 국가

---

38 황계식, "근로자 건강관리, 문제제기보다 응원이 필요하다,"「세계일보」2021년 8월 24일.
39 조인호, 조준석. "조직내 커뮤니케이션 불확실성과 모호성의 차별성"「언론정보연구」제49권 제 1호 (2012) 225.

적 봉쇄조치가 끝나면 정신 건강과 관련된 요구가 급증할 것이며 수년간 외상 치료가 필요한 사람들이 등장할 것을 전망했다.[40]

둘째, 초연결 사회에서 발생하는 모호성이다.

사물인터넷의 발달로 일상 속 인공지능 기기들이 많이 등장하고 있다. 인공지능은 목소리, 얼굴, 사용 방식 그리고 취향을 분석하여 사용자의 다양한 데이터와 상관관계를 추론하여 명령을 내리게 된다. 이를 위해서는 우리의 일상이 데이터가 되어야 하기에 자기 사생활을 수집하고 활용할 수 있는 동의가 필요하다. 초연결 사회는 기술적 진화를 위해 필요한 과정이면서도 동시에 개인의 사생활 침해와 보안에 대한 우려가 커지고 있다.[41]

초연결 사회, 언컨택트 사회에 문명의 혜택과 편의를 받으면서도 동시에 개인정보 유출 및 사생활 침해에 대한 두려움 속에 타인가의 관계 및 문명의 편의를 마음껏 누리지 못하는 것처럼 기술적 진화에는 수많은 제약이 따르게 될 것이다.[42]

실제로 사생활을 유출하겠다는 신종 범죄가 늘고 있다. SK 인포섹의 <2020 보안 위협 전망 보고서>에서도 2020년에 보안 설정이 없는 사물인터넷의 장비를 노린 공격이 증가할 것을 예고하였다.[43] 편리한 세상이지만 반대로 불편하고 위험한 모호성을 가진 것이다. 초연결 시대의 딜레마가 바로 해킹과 사생활 침해이며 초연결 시대에 반대로 연결되지 않을 권리도 중요해지고 있다.[44]

셋째, 언컨택트 사회가 주는 모호성은 통제의 문제에서 나타난다.

40　Klaus Schwab, 『클라우스 슈밥의 위험한 리셋』, 289.
41　김용섭, 『언컨택트』 (서울: 퍼블리온, 2020), 281.
42　김용섭, 『언컨택트』, 282.
43　김용섭, 『언컨택트』, 284.
44　김용섭, 『언컨택트』, 284.

COVID-19로 인하여 국가 전체가 강력한 통제를 받고 있다. 사회적 거리 단계에 따라 시행되는 세부 조항을 준수하지 못하면 사회적 제재와 비난을 받을 수 있다. 전염병 확산을 막기 위해 아시아 국가에서는 IT 기술을 도입하여 적극 통제를 시도하기도 한다.[45] 과거 물리력이나 군사력을 바탕으로 한 공권력이 통제의 주요수단이었다면 오늘날 초연결 사회의 데이터와 기술에 의해 사람과 사물의 관리가 원활해졌고 이것을 악용하면 강력하나 통제 및 감시의 수단이 될 수 있다.

이처럼 초연결 사회 그리고 언택트 사회는 COVID-19의 등장으로 그 사회 문화의 전환속도를 빠르게 했다. 그 결과 언컨택트(Uncontact) 문화 안에서 인간 소외의 문제, 갈등과 차별의 문제, 새로운 범죄의 위험과 사생활 침해와 보호의 문제를 낳게 되었다.[46]

COVID-19 팬데믹으로 인하여 현대의 사회 문화는 이전과 많은 변화를 가져왔다. 수많은 전문가는 이미 코로나바이러스 이전 Before Coronavirus(BC)와 코로나바이러스 이후 After Coronavirus(AC)로 나누고 있다.[47] COVID-19는 우리의 삶을 완전히 다르게 바꾸어 놓았으며 그 이전으로 결코 돌아갈 수 없다고 전망하는 것이 학계의 주장이다.

이제는 지나간 일이 되어버린 이전의 일상과 근본적으로 다른 일상인 '뉴 노멀'(New Normal)[48]의 시대가 되었다. 필자는 뉴 노멀의 시대 그 누구

---

45 김용섭, 『언컨택트』, 296.
46 김용섭, 『언컨택트』, 299.
47 김용섭, 『언컨택트』, 16.
48 뉴 노멀(New Normal): 시대의 변화에 따라 새롭게 부상하는 표준으로, 2008년도 글로벌 금융위기 이후 새롭게 나타나는 세계 경제의 질서를 표현하는 단어이다. 경제위기 이후, 5~10년간의 세계 경제를 특징짓는 현상을 말한다. 과거에 대해 반성하고 새로운 질서를 모색하는 시점에 등장하며 저성장, 저소비, 높은 실업률, 고위험, 규제 강화등이 2008년 글로벌 경제위기 이후 세계 경제에 나타나게 될 뉴 노멀로 논의되고 있다.

보다 불안과 두려움 속에 살아가게 되는 청년세대에 관심을 두고 현대 사회의 문화 속에서 청년들이 겪는 삶의 모습과 위기와 갈등을 살펴보려고 한다.

2. 현대 사회 문화 안에서 MZ세대의 문화 이해

현대 사회 문화에 가장 민감하게 반응하는 세대가 청년세대이다. 청년들은 VUCA(뷰카) 시대를 대변하며 그 중심에 서 있다.[49] 청년의 시기는 사회 구성원들과의 관계와 사회 문화의 영향으로 인하여 성격의 변화와 사회적 환경의 변화가 두드러지는 시기이다.[50] 그리고 청년들은 사회 문화와 밀접한 관계를 맺으며 베이비붐세대, X세대, M세대처럼 고유한 세대 문화를 만들어냈다. MZ세대를 온전히 이해하기 위해 전세대 특징을 살펴보고자 한다.

고유한 청년문화가 본격적으로 드러난 것은 베이비붐세대를 통해서이다. 베이비붐세대는 전쟁 직후 태어난 1955년~1960년생을 가리킨다. 그들은 어린 시절 극도의 빈곤 시간을 보냈으며 이를 극복하며 청년 시절에는 고도성장의 주역이 되었다. 우리는 이들을 80년대 학번, 60년생을 의미하는 86세대라 부른다. 지금은 이들이 50대가 되어 베이비붐세대를 586세대라 부른다.

---

49 장대은, "청년에 변화 요구하려면 먼저 지도자가 변해야 된다," 「국민일보」 2021년 10월 12일.
50 정옥분, 『청년 발달의 이해』 (서울: 학지사, 2015), 29.

<표 1.1> 주요 세대별 구분 및 특징 [51]

	요즘 어른들		요즘 애들	
	baby Boomer	X generation & Young Forty	Millennials generation & Y generation	Z generation
출생 연도	(1955~1964)	(1969~1979)	(1984~1999)	(2000~2009)
나이	56세~65세	41세~51세	21세~36세	11~20세
특징	한국전쟁 후 출생	청년에 가까운 40대	베이비붐세대 자녀 소비보다 경험과 공유	X세대의 자녀 디지털 세대
인구수	780만 명	870만 명	1,100만 명	520만 명

나이 및 인구수 2019년도 한국 기준

뒤이어 나타난 X세대가 있다. X세대의 명칭은 더글러스 코플랜드의 소설 『X세대』(*Generation X*)에서 유래했다.[52] X세대는 우리나라 최초의 개인주의 세대라 불리는 만큼 자기 개성을 중요시했다. 이들은 1969년생에서 1979년생에 이른다. 1990년대 초중반에 등장한 세대로서 1970년~1974년생이 중심이다. 이들은 해외 문화와 소비를 본격적으로 받아들인 세대이며 가장 왕성한 대중문화 소비 세대로 불린다. 이들이 40대가 되면서 기성세대와 같은 중년 이미지가 아닌 청년에 가까운 40대로 진화했는데 이것을 오늘날 '영포티'(Young Forty)라 부른다.[53]

그리고 뒤이어 등장한 것이 M세대이다. 밀레니얼(Millennial) 세대는 인류의 새로운 천년 Millennial인 2000년대가 시작될 때의 첫 세대라는 의미를 갖고 있다. 이 용어는 린 C. 랭카스터와 데이비드 스틸먼의 『밀레니얼 제너레이션』(*The M-Factor*)에서 등장하는 세대로서 전통적인 가치관이

51　김용섭, 『요즘 애들, 요즘 어른들』 (서울: 21세기북스, 2020) 5.
52　정옥분, 『청년 발달의 이해』, 22.
53　김용섭, 『요즘 애들, 요즘 어른들』, 5.

나 위계질서에 굴하지 않으며 사회적 가치를 중시한다는 뜻에서 대중적으로 사용되기 시작했다.[54]

M세대의 다른 명칭으로 불리는 Y세대는 X세대의 다음을 잇는다는 뜻으로 사용된다. M세대는 1984년에서 1999년생에 이르는 베이비붐세대의 자녀들이다.[55] M세대는 산업화 시대를 지나온 베이비붐세대인 부모에게 교육을 받았다. 이들은 경쟁 지향적인 특징을 가지고 있으며 소유보다는 경험과 공유에 가치를 두고 있다. 밀레니엄 세대가 화려하게 부각된 것은 디지털 장치의 개발과 보급 때문이다.

최재붕 교수는 스마트폰의 보급인구가 36억명을 넘어서면서 M세대를 가리켜 새로운 인류 "포노 사피엔스"가 출현했다고 말한다. M세대는 포노 사피엔스 문명을 이끄는 밀레니얼세대이다.[56] 스마트폰의 대중화는 이미 10년 전부터 시작되었으며 2007년 아이폰의 개발 이후로 디지털 생태계는 M세대의 주 활동무대가 되었다.

M세대에 이어, 20세기의 마지막 2000년 이후부터 2009년에 태어난 세대를 Z세대라고 부른다. Z세대는 20세기 마지막에 태어난 세대를 의미한다. 이들의 부모 세대가 'X세대'이며 2000년대 말 금융위기 속에서 경제적 위기를 겪는 부모의 모습을 보며 안정성과 실용성을 추구하는 경향을 보여 준다.[57] 역사상 가장 영향력 있는 10대로서 부모의 소비에 큰 영향을 끼친다. 이들은 아날로그 문화를 일부 경험한 밀레니얼세대와 다르게 태어날 때부터 디지털 시대를 경험했다. 텍스트보다 동영상에 익숙하고 어느 세대보다 소셜 미디어를 주도하고 있다. 그뿐만 아니라 개인주의 성향이 강하며 환경 및 사회적 인식에서 진보적이다. 더욱이 세월호 사건

---

54 고광열, 『MZ세대 트렌드 코드』 (서울: 밀리언서재, 2021), 23.
55 고광열, 『MZ세대 트렌드 코드』, 23.
56 최재붕, 『포노 사피엔스』 (서울: 쌤앤파커스, 2019), 70.
57 고광열, 『MZ세대 트렌드 코드』, 23.

을 겪으며 기성세대로부터 흘러오는 사회 문화 전반에 관한 부정적 인식과 반감이 큰 편이다.[58]

고려대 사회학과 교수는 Z세대는 세상이 들이미는 잣대에도 아랑곳하지 않고 완전한 의미로서의 개인주의를 구현했다는 측면에서 이전의 X세대와 M세대와 차별을 둔다고 말한다.[59] 사회 문화적으로 Z세대는 밀레니엄 세대와 다르게 아날로그 문화를 경험해 본 적이 없는 세대이며 태어날 때부터 디지털 시대에 태어났다.[60] 이들은 과거 TV와 PC에서 벗어나 스마트폰을 통해 자기 관심사를 공유하며 소통하고 스스로 컨텐츠를 만드는 주체로 등장했다. 우리는 이들을 가리켜 '디지털 원주민'이라고 말한다.

이 용어는 미국의 미래 교육학자 마크 프렌스키가 발표한 연구 "디지털 원주민, 디지털 이주민"에서 등장했으며 디지털 이주민의 경우 아날로그를 경험한 밀레니엄 세대처럼 점점 디지털 문화를 받아들이는 세대를 가리킨다.[61] 앞서 살펴본 것처럼, 아날로그와 디지털 장비를 두루 경험했던 M세대와 디지털 장비가 익숙한 Z세대는 '포노 사피엔스'라고 부르는 신인류이다.

〈표 1.2〉 우리나라 전체 인구의 세대별 구성 비율 [62]

		베이비 붐 세대	X세대	M세대	Z세대
출생 연도	원통계	1950~1964	1965~1980	1981~1996	1997~2012
2020년 기준 나이		57세~65세	40세~50세	24세~39세	23세 이하
2019년 기준 비율		14퍼센트	18퍼센트	22퍼센트	22퍼센트

---

58 고광열, 『MZ세대 트렌드 코드』, 24.
59 나윤석, "X Y Z 변화하는 신세대," 「서울경제」 2018년 10월 12일.
60 고광열, 『MZ세대 트렌드 코드』, 24.
61 고광열, 『MZ세대 트렌드 코드』, 39.
62 주용완, "포스트 코로나 시대의 주역 MZ세대 분석 및 제언," 「데일리시큐」 2021년 3월 12일.

오늘날 현대 사회 문화에서는 밀레니엄 M세대와 Z세대를 함께 아우르며 MZ세대라 부른다. 이들은 전체 인구의 44퍼센트를 차지한다. MZ세대는 전체 인구의 세대별 구성에서 주도적 역할을 할 것으로 학계는 전망하고 있다.[63]

MZ세대의 주 활동무대는 디지털 세계이다. MZ세대는 스마트폰을 기반으로 한 모바일 세대로 사회적 관계망(SNS) 플랫폼, 인스타그램, 페이스북 그리고 틱톡 등으로 소통하며 사회활동과 소비활동, 정치적 참여에 있어 기성세대와 완전히 다른 모습을 보여 주고 있다. 뉴욕대 스턴경영대학원의 스콧 갤러웨이 교수는 자신의 저서 『플랫폼 제국의 미래』에서 이전과 다른 생태계가 도래했음을 소개하며 인류의 삶에 영향을 주는 4대 기업을 'The Four'라 말하며 애플과 구글 그리고 아마존과 페이스북을 열거했다.[64] 오늘날 MZ세대는 거대한 플랫폼을 기반으로 살아가며 스마트폰의 생태계 안에서 소비 문화를 형성해 나아가고 있다. 이들은 COVID-19 이전부터 온라인 마켓 시장을 주도하며 신생 스타트업 회사를 키우는 주된 세력으로 인정받고 있다.

또한, 정치 분야에서도 MZ세대가 주목받고 있다. 2020년 4월 지방자치단체장 선거에서 MZ세대의 20~30대의 뚜렷한 정치적 견해를 보여 주었다. 이들은 불공정한 사회정의에 반감을 가지며 불공정 제도 및 관습적 관행에 관하여 반대하는 분명한 입장을 나타내며 정치 권력에 영향력을 행사하는 세대로 자리 잡았다. 이를 반영하듯 국민의 힘 당 대표로 선출된 이준석은 한국 헌정사 첫 30대 당의 수장이 되었다. 그뿐만 아니라, 더불어민주당의 박지현 비대위원장은 박식한 석학도 아닌, 26살에 불과한 MZ세대이다.

---

63 최명화, 김보라, 『지금 팔리는것들의 비밀(새로운 소비권력의 취향과 열광을 읽다)』 (서울: 리더스북, 2020), 9.
64 최재붕, 『포노 사피엔스』 (서울: 쌤앤파커스, 2020), 113.

박지현 비대위원장은 민주당의 세대교체를 이룰 적임자라는 호평을 받았으며 2022년 대선 패배 후 민주당 내에서 586세대의 용퇴론이 불거짐과 동시에 MZ세대이자 정치 신인인 박 위원장이 대안 리더로 급부상하기 시작했다.[65] 이처럼 MZ세대는 정치권의 판도를 바꿀 수 있는 새로운 변수로 등장하였고, 정치 권력의 세대교체가 눈앞에 다가왔음을 보여 주고 있다.

지금까지 세대 문화의 연령별 구성을 통해 급부상하는 MZ세대의 위치를 확인해 보았다. 필자는 현대 사회 MZ세대의 특징을 4개의 키워드로 분류하고자 한다.

1) MZ세대의 자기 인증과 자기중심의 문화

(1) 나 홀로 문화

청년들은 뭐든지 혼자 하는 것이 더 편한 세대가 되었다. 오늘날 청년들은 혼자 밥을 먹는 '혼밥' 문화와 혼자 영화를 보는 '혼영' 그리고 혼자 여행을 떠나는 '혼여' 또는 '혼행'에 익숙해져 있다. 다른 사람과 일정을 조율할 필요가 없으며 시간이나 일정에 있어 자유롭다. 최근에는 혼자 등산하는 '혼산'이 등장했다. 정상까지 향하는 등산이 아닌 마음과 체력이 허용되는 가벼운 트래킹으로 볼 수 있다. 여기에 혼자 캠핑하는 '쏠캠'이까지 합세했다.

또한, 이 MZ세대는 자기중심적 삶을 이어가며 홀로 있는 것을 부끄럽게 생각하지 않는 특징을 가지고 있다. 그리고 그것을 떳떳하게 인스타그램이나 페이스북을 통해 숨김없이 나타내고 사진을 찍고 후기를 적으면

---

65 박성의, "MZ리더 박지현은 '위기의 민주당'을 구할 수 있을까"「시사저널」2022년 3월 16일.

서, 철저한 자기 인증과 이용 후기를 통해 나와 다른 남에게 영향력을 행사한다. 때로는 이러한 자기 인증은 타인에게 자기과시처럼 허세와 허영으로 비춰질 수 있다. 그러나 MZ세대는 다르다. 자기 인증을 통해 나는 건강한 사람이며 나는 자존감이 높고 나를 돌보는데 누구보다 적극적인 사람인 것을 드러내며 심리적 만족을 표현하는 나 홀로 문화를 가진다.[66]

(2) 개인 중심주의

90년생이 나 홀로 문화를 적극적으로 수용하는 데에는 자존감이 큰 역할을 했다. 누군가가 나 자신의 삶을 평가하는 것을 거부하고 내가 좋아하고 내가 행복하면 된다고 생각한다.[67] '대학내일20대연구소'는 청년들의 사회 문화를 연구하며 90년생은 타인에게 인정받는 삶을 거부하고 나에게 맞는 방식(50.6퍼센트)을 선호한다고 보았다. 과거 인생의 중요한 결정을 내릴 때 부모와 선배의 도움을 받았지만 이제는 자기중심적 생각과 판단 그리고 만족감을 우선시하는 경향이 52.9퍼센트로 나타났다.[68]

이러한 청년세대 경향은 주변의 시선을 의식하며 주춤거리기보다 자기 자신의 생각과 판단을 중요시하고 스스로 선택하고 결정하는 시도들이 이전 세대와 달리 더 많아졌다는 것을 보여 준다.

이것이 이전 세대에서 보지 못했던 진정한 의미의 개인주의이다. 이들은 내가 중요한 만큼 다른 이들도 중요함을 알기에 나만 생각하는 이기주의와는 다르다. 연구에 따르면 90년생의 75.2퍼센트가 타인이 싫어하는 행동을 하지 않으려고 신경 쓰고 있다고 답했으며 63.1퍼센트가 상대방에게 상처를 주지 않고 거절 표현을 잘하는 방법을 배우고 싶다는 의견을 드러냈다.

66 　고광열, 『MZ세대 트렌드 코드』, 47.
67 　고광열, 『MZ세대 트렌드 코드』, 63.
68 　고광열, 『MZ세대 트렌드 코드』, 64.

이들은 각자의 삶을 인정하고 존중하면서도 서로 피해를 주거나 간섭하지 않으려 하며 누군가 그냥 베풀어주는 호의에 있어서는 불편함을 느끼고 지나친 상대방의 배려를 경계하는 모습을 보여 준다. 실제로 대학가에 있는 식당이나 직장 근처의 식당을 가면 식사 후에 계산대 앞에서 길게 줄을 서서 각자 결제하는 모습을 볼 수 있다. MZ세대에게는 수수료가 나가지 않는 카카오 페이를 통해 송금하기도하며 지갑이 없이도 스마트폰으로 언제든지 결재할 수 있기에 계산대 앞에서 한순간도 망설이지 않고 눈치를 보지 않는 당당함을 엿볼 수 있다.

(3) 자기 캐릭터

최근 방송계에 이슈가 되는 용어가 "부캐"(부가 캐릭터)이다. 원래는 부캐(Sub Character)란 게임에서 사용되는 용어로서, 게임상에서 사용하는 캐릭터 외에 새로 생성한 부계정을 말한다.[69]

부캐는 자기 자신을 새롭게 유형화하는 과정 가운데 MBC 예능 <놀면 모하니?> 등을 통해서 방송계에 부가 캐릭터라고 부르는 '부캐' 신드롬을 일으키기 시작했다. 자신을 유형화하는 데 익숙한 MZ세대는 부캐처럼 새로운 유형의 나를 만들고, 일상에서의 새로운 역할을 찾아 즐기기 시작했다.[70] 방송계뿐 아니라 MZ세대를 공략하기 위해 신세계 그룹의 정용진 부회장은 자신의 부캐 "제이릴라"의 동생 "원둥이"를 브랜드 캐릭터로 내세웠다.[71] 편의점이 점장 캐릭터로서 원둥이는 MZ세내를 공략하기 위한 마케팅의 도구로 사용되고 있다.

---

69 임홍택, 『관종의 조건』(서울: 웨일북, 2020), 186.
70 고광열, 『MZ세대 트렌드 코드』, 73.
71 이신영, "이마트 24, 정용진 부캐 '제이릴라' 동네 동생 '원둥이' 공개," 「연합뉴스」 2022년 4월 6일.

각자가 상황에 맞추어 성격과 캐릭터에 변화를 주는 것은 방송계뿐 아니라 일상에서 쉽게 마주할 수 있는 요소가 되었다. MZ세대는 온라인 가 SNS라는 새로운 환경에 적응하면서 새로운 캐릭터를 만들기 시작했다. 이것은 현실 속의 나와 전혀 다른 온라인상의 캐릭터이다.[72] 선천적인 성별이나 이름 그리고 나이는 내가 바꿀 수 없지만 외모나 성격, 습관, 더 나아가 말투에 이르는 컨셉은 얼마든지 변형이 가능하기에 MZ세대는 유행하는 TV 드라마나 예능, 광고 그리고 웹툰의 주인공처럼 새로운 컨셉을 만들어간다.

MZ세대는 이러한 자기 모습을 두고, 컨셉질이라 말하며 현생의 나와 다른 성향의 캐릭터나 콘텐츠화는 언제든지 고칠 수 있고 나의 자아에는 큰 영향을 미치지 않는 것임으로. 이러한 자기 콘텐츠화는 일종의 놀이문화로 자리 잡았다. SNS와 온라인상에서 보내는 시간과 활용도가 높은 사람일수록 현실의 나와 가상의 나를 분리하여 생각하는 경향이 있다.[73] 대중 연예인의 경우 본캐와 부캐가 확실히 나누어진 것을 대중들은 이미 알고 있지만, 현실 속에서 온라인에 노출된 MZ세대의 경우 현실의 나와 가상의 나에 대해 혼동하는 경우가 발생하기도 한다.

2) MZ세대의 취향과 소통 중심의 문화

MZ세대는 서로의 취향을 존중받는 관계에서 만족을 경험한다. 이러한 취향을 존중하는 문화 속에서 나타나는 세 가지 현상이 있다.

72　임홍택, 『관종의 조건』 (서울: 웨일북, 2020), 188.
73　임홍택, 『관종의 조건』, 189.

(1) 느슨한 연대

Z세대가 활발히 소통하는 페이스북 그룹 '학생들 대나무 숲'에는 팸을 모집하는 글이 수시로 올라온다. 오프라인에서는 까다로운 심사조건과 탈퇴 시 불이익을 생각하지만, 온라인에서는 마음이 맞는 친구와 팸(Family)을 만들어 소통하고 언제든지 탈퇴해도 타격이 없다.

MZ세대는 서로의 취향을 존중받는 가운데 나타나는 팸 문화를 통해 느슨한 연대를 택하고 있다. 매년 한국의 트렌드를 연구하는 김용섭 작가의 라이프트렌드는 2020년 키워드를 '느슨한 연대'로 잡았다.[74] 느슨한 연대는 과거의 학연과 지연, 혈연을 벗어나 필요에 따라 느슨하게 관계를 맺는 것을 말한다. '대학내일20대연구소'의 조사에 따르면 90년생의 56.2퍼센트가 정기적 모임보다 비정기적 모임을 추구하는 것으로 밝혀졌다.

MZ세대는 나에게 필요한 부분만 함께할 수 있는 느슨한 관계를 추구한다. 다양성을 존중하는 90년생은 느슨한 관계가 보장되면 언제든지 모임을 시도하는 것이다. 전통적인 관계나 모임은 피로감이 높아 피하게 되지만, 스스로 고립되지 않기 위해 비싼 돈을 지불하여 회원 가입도 하고, 고립되기보다 자기 계발을 하려는 특징을 갖는다. 이들은 스스로의 고립을 피하고 싶어 하는 욕구가 있다.[75]

또한, 청년들은 지켜야 하는 규칙과 정기모임이 많은 동호회를 가입하기보다 언제든지 팸을 찾아 자기 취향을 인정받으며 소속감을 느낀다. 90년생이 갖는 이러한 사고방식은 과거 실력보다 인맥을 숭시했던 사회에 대한 저항으로도 해석된다.

---

74 고광열, 『MZ세대 트렌드 코드』, 74.
75 고광열, 『MZ세대 트렌드 코드』, 79.

(2) 자기 세계관의 추구

MZ세대는 자기 자신에게 맞는 세계관과 콘텐츠를 찾아간다. 주로 영화나 드라마, 만화에서 볼 수 있었던 세계관이라는 개념이 MZ세대의 트렌드가 되었다. MZ세대는 자기 취향에 맞는 세계관 콘텐츠를 찾아내고 거기에 과몰입한다. 예를 들면, JTBC 드라마 <스카이 캐슬> 속 야망 넘치는 '강예서'가 되는 '예서 공부법'이 등장하고, 신세경이라고 하는 배우의 유튜브에는 2009년 작품 <지붕뚫고 하이킥>의 등장인물들의 말투로 댓글이 달리기도 한다. 이미 지나간 영화나 드라마 속에서 등장인물들의 캐릭터가 만들어낸 세계관들이 지금도 회자되고 있는 것이다.

또한, 작품 전체의 스토리가 탄탄하게 짜여져 있다면 종영이 되어도 많은 이들이 그 세계관에 몰입하여 드라마와 드라마 사이를 오가며 문제를 접근해보고 해결방안을 제시하기도 한다. 그뿐만 아니라 기업에서 깔아놓은 세계관에 몰입한 MZ세대는 자신이 좋아하는 기업의 세계관과 관련된 콘텐츠를 자발적으로 만들고 같은 취향을 즐기는 이들과 소통한다.[76] 앞으로는 자신만의 세계관을 만들어 소통하는 MZ세대가 많아질 것으로 보인다.

(3) 팬덤 문화

MZ세대는 같은 성향의 이유만으로 쉽게 뭉치는 경향이 있다. 팬덤 문화는 특정 인물이나 어느 한 분야에 대해 열성적으로 좋아하는 집단 문화를 말한다. 2020년 5월 '대학내일20대연구소'에 따르면 MZ세대는 유튜버나 콘텐츠, 채널을 함께 즐기는 관계 속에서 손쉽게 소속감을 느낀다고 답했다.[77]

---

[76] 대학내일20대연구소, 『밀레니얼-Z세대 트렌드 2021』 (서울: 위즈덤하우스, 2020), 103.
[77] 대학내일20대연구소, 『밀레니얼-Z세대 트렌드 2021』, 82.

유튜브에 올라온 1차 콘텐츠 영상에 대한 관심보다는 더 높은 관심을 끄는 것이 댓글에 있다. 콘텐츠마다 사람들이 보는 실시간 반응과 호응은 또 다른 2차 콘텐츠를 만들어내며 파급력을 가지게 되었다. 라이브 방송에 참여하여 다양한 의견을 수렴할 때 그것이 최종 의사결정에 중요한 역할을 하며 충성도 높은 팬덤 문화를 만들기도 한다. MZ세대는 나와 취향이 비슷한 일부의 소수자들이 있다는 사실만으로도 연대감을 갖고 언제든지 쉽게 뭉칠 수 있다. 앞으로는 소소한 취향과 개인의 성향을 중시하는 문화가 더 발전할 것으로 보인다.[78]

3) MZ세대의 성취와 의미 중심의 문화

'대학내일20대연구소'는 2018년 MZ세대 트렌드 키워드의 하나로 '무민 세대'를 꼽았다.[79] 무민 세대는 무의미한 것에서 의미를 추구한다는 뜻으로 잠시나마 스트레스를 관리하기 위해 일상을 벗어나는 것을 의미한다. 소소한 도전을 통해 자기 일상을 가꾸는 힘을 '일상력'이라고 말한다. MZ세대는 예측할 수 없는 사회 문화 속에서 거창한 목표를 두고 좌절하는 인생에서 벗어나 도전 가능한 목표를 세워 일상의 만족과 기쁨을 통해 삶의 의미를 찾고자 한다.

(1) 자기 일상의 만족감
취업난과 학업 그리고 업무 스트레스와 같이 자기 일상을 위협하는 자극에 맞서서 '일상력'이 주목을 받고 있다.[80] 무민 세대와 같이 현실도피를 통해 자기 삶을 회복해 나아가는 청년들이 늘어나고 있으며 도심 속

78　대학내일20대연구소, 『밀레니얼-Z세대 트렌드 2021』, 101.
79　대학내일20대연구소, 『밀레니얼-Z세대 트렌드 2021』, 23.
80　대학내일20대연구소, 『밀레니얼-Z세대 트렌드 2021』, 24.

호텔에서 호캉스를 즐기며 스트레스를 스스로 관리하고 휴식을 통해 살아갈 힘을 얻는다.

다른 사람의 눈치를 보던 이전의 모습과는 달리 내 몸이 중요하고 내 삶이 더 중요하다는 것이다. 이러한 라이프 스타일의 변화는 '뷰티'에서 두드러진다.[81] 뷰티는 자기다움이 가장 잘 드러나는 분야로서 피부 건강은 자기 자신을 소중히 여기는 행위로 볼 수 있다. 이전에는 사람들을 의식하여 진하게 화장했던 모습과 달리 현재는 자기 피부와 건강에 더 예민하게 반응하고 있다. MZ세대의 화장법으로서 '꾸안꾸' 꾸민 듯 안 꾸민 듯 자연스러운 화장법이 대세가 되었다.

또한, 일상력을 기르는 한 분야로서 MZ세대에게 운동은 일상의 루틴이 되었다. 이전에는 다이어트와 훌륭한 몸매를 만드는데 주안점을 두었지만 이제는 다르다. 운동으로 건강한 생활을 유지하며 맛있는 음식을 먹기 위해서이다.[82] MZ세대에게 있어 뷰티와 운동은 자기 일상을 관리하는 가장 중요한 기초이며 이전 기성세대와 달리 나에게 더 집중하고 나를 더 관리하며 남의 시선에서 해방되고자 한다. 이처럼 자신만의 기준을 세우는 이들을 '마이 싸이더'[83]라고 부르기 시작했다.

(2) 자기 성취감

MZ세대는 자기 일상에서 오늘 하루를 잘 보내기를 원한다. 그래서 일상 속 소소하지만 확실한 성취감과 기쁨을 주는 일들을 찾는다.[84] 이들은 자신들의 일상이 무너지지 않도록 어디서든지 의미를 찾고 재미를 추구

---

81 대학내일20대연구소, 『밀레니얼-Z세대 트렌드 2021』, 25.
82 대학내일20대연구소, 『밀레니얼-Z세대 트렌드 2021』, 31.
83 대학내일20대연구소, 『밀레니얼-Z세대 트렌드 2021』, 25.
    마이싸이더: My(나의)+Side(~을 중심으로 한)+er(사람), 내 안의 기준을 세우고 따르는 세대를정의한 키워드를 의미한다.
84 대학내일20대연구소, 『밀레니얼-Z세대 트렌드 2021』, 35.

하는데 행복감을 느낀다. 인터넷에서 회자 되었던 '달고나 커피'는 무려 400번이나 저어 만드는 고당도 커피이다. 평범한 재료와 비주얼에는 뚜렷한 특징이 없지만, COVID-19로 인하여 집 안에 있던 청년들은 달고나 커피 만들기에 열광했다.[85]

MZ세대는 성공과 실패에 상관없이 챌린지에 참여하여 소소한 성취감을 느끼고 있다. 비슷한 형태로서 1인 1요리 챌린지와 식재료를 직접 키워 자급자족하는 모습도 눈에 띈다. 요리 챌린지와 같이 성취와 만족을 얻기 위해 시도하는 수많은 도전을 통해 MZ세대는 무너진 일상을 회복하고 자기만의 삶을 영위하고자 한다. 그래서 MZ세대는 마냥 무기력하지 않다. 이들은 무너진 자기 삶을 스스로 세워나가기 때문이다.

(3) 과정 중심

MZ세대는 누구보다 노력을 많이 하는 세대이다. 이들은 스스로의 노력을 '노오력'이라 말한다. 왜냐하면, MZ세대는 장기간 경제침체와 경기불황으로 취업이나 결혼이 늦어지고 있으며 노력이 곧 좋은 결과를 가져오지 않는다는 것을 피부로 느끼고 있다. 그래서 MZ세대는 자기 노력을 인정받기를 원하며 다른 사람의 노력 또한 존중한다. 과거에는 올림픽에서 금, 은, 동으로 순위를 매겼다.

그리고 각종 경연대회에서 1위, 2위. 3위의 순위가 중요했다. 그러나 MZ세대는 순위나 입상에 대한 관심보다 그들 스스로의 노력을 인정하며 결과보다 과정을 중시하는 모습을 갖는다. 과거 스포츠 경기에서는 좋은 결과를 얻지 못하는 선수들을 심하게 질책했다. 그러나 이제는 '졌지만 잘 싸웠다'를 의미하는 "졌잘싸"를 외친다.[86]

---

[85] 대학내일20대연구소, 『밀레니얼-Z세대 트렌드 2021』, 36.
[86] 고광열, 『MZ세대 트렌드 코드』, 107.

2020년 하계 도쿄 올림픽에서는 MZ세대 우상혁 선수(25세, 국군체육부대)가 주목을 받았다. 그는 4위에 그치며 메달을 따지는 못했지만, 그는 경기 내내 웃음과 여유 있는 태도를 보이며 관중들의 호응을 유도하기도 했다. 그는 한국 최고기록 2m 35cm를 넘어섰다.

그러나 인상 깊은 장면은 그가 2m 39cm에 도전하여 실패했던 장면이다. 훈련 때 시도조차 못 했지만 꿈과 같은 도전을 현실 속에서 이루게 되었다고 소감을 전했다. 2m 37cm을 1차 시기에 넘지 못했고, 2차 시기에 2m 39cm로 높여 무려 두 차례나 시도했다.

비록 세계기록을 달성하거나 메달을 따지 못했어도 국민들은 그 모습을 보며 함께 웃었으며 격려했다. 우상혁은 한국 육상 트랙과 필드에 있어 역사상 올림픽 최고 순위인 4위를 기록했다. 많은 이들이 MZ세대의 전형적인 모습인 우상혁에게 아름다운 4위라는 찬사를 보냈다.[87] MZ세대는 자기 자신뿐 아니라 다른 이들의 노력을 존중하며 결과보다 도전 자체에 더 많은 의미를 부여하고 살아간다.

4) MZ세대의 재테크와 소비 문화

(1) 새로운 소비 형태

오늘날 MZ세대는 소비를 통해 자기 정체성을 추구한다. 자기 취향과 경제적 능력을 드러내는 소비 형태를 통해 소비하는 물품을 자기와 동일시하며 자기 개성을 표출한다.[88] MZ세대의 소비 문화를 일컬어 '플렉스'(FLEX)라는 단어가 사용된다. 플렉스는 자기 성공이나 부를 뽐내거나 과시한다는 의미로 사용되는 단어이다. 이 단어는 MZ세대가 소비에서 만큼은 아끼지

---

[87] 하남직, "우상혁, 상상하지 못했던 2m39, 뛰어보니 2m40도 보이더라," 「연합뉴스」 2021년 8월 13일.
[88] 정지우, 『인스타그램에는 절망이 없다』 (서울: 한겨레출판사, 2020), 41.

않고 많은 돈을 쓰는 것을 비유적으로 표현하는 단어이다. 그리고 MZ세대를 가리켜 '세컨 슈머'(Second-Sumer)라는 말을 사용한다.[89]

세컨 슈머는 중고품(Second-Hand)과 소비자(Consumer)를 합친 말이다. 지속 가능한 삶을 위해 대안을 찾아 즐기는 소비자를 가리키는 말이다.

또한, '레스 웨이스트'(Less Waste)[90]와 같은 사회적 가치를 실현하는 데에서 오는 만족감을 경험하기도 한다. MZ세대는 당장의 편리함보다는 환경과 사회문제를 심각하게 고민하면서 중고 및 로컬 소비를 선호하고 있다. 현재 MZ세대가 소비를 위해 주로 사용하는 플랫폼은 당근마켓, 번개장터, 중고나라이다. MZ세대는 원하는 물건을 신속히 구매하고 물건의 효용이 다했다고 판단되면 다른 물건을 교환한다. 2020년 8월 대학내일20대연구소의 조사 결과에 따르면 중고 구매 경험자를 대상으로 최근 6개월 이내에 중고 구매 및 판매가 3명 중 1명이 한 달에 한 번 이상 중고거래를 하는 것으로 파악되었다.[91]

이러한 경향은 단순히 아껴 쓰며 절약하는 수준이 아닌 MZ세대의 트렌디한 쇼핑 행위로 자리를 잡았다. 이들은 기존의 물건을 쉽게 버리기보다 필요한 이들에게 판매를 통해 용돈을 구하기도하고 판매하고 처분하는 과정에서 오는 즐거움을 경험한다. 원하는 물건을 힘들게 찾았을 때와 저렴한 가격에 샀을 때 기쁨을 느낀다. 이러한 MZ세대의 소비관은 달라진 소유관을 보여 준다. 한번 사면 영원히 소유하는 생각에서 벗어나 필요한 물건을 수시로 접하면서 서로의 느낌과 취향을 공유하는 것이다.

이처럼 MZ세대의 소비 행위에는 자기의 신념이 담겨있다. 개인이 품고 있는 신념을 옷이나 가방에 슬로건으로 새기며 소비를 통해 적극적으

---

[89] 대학내일20대연구소, 『밀레니얼-Z세대 트렌드 2021』 (서울: 위즈덤하우스, 2020), 107.
[90] 가급적 쓰레기를 만들지 않는 일상을 의미하는 '제로 웨이스트'(Zero Waste)보다 가벼운 개념으로 완벽하지 않더라도 실천 가능한 작은 일부터 하자는 의미로 사용된다.
[91] 대학내일20대연구소, 『밀레니얼-Z세대 트렌드 2021』, 107.

로 자기의 신념을 드러내는 미닝아웃(Meanning Out)을 추구한다. 이러한 소비 행위는 실용성이나 필요를 넘어 MZ세대의 개성을 드러내고 자기 자신을 증명하고 표현하는 수단이 되었음을 보여 준다.[92]

(2) 독특한 소비 패턴

MZ세대의 취향이 세분화되면서 식품 분야에서도 특화된 품종과 식재료 그리고 메뉴들이 주목받고 있다. 병 맛, B급 감성 등 세련된 개그가 아니라, 수준이 낮아 보이면서도 촌스러워 보인다. 외식 분야에 있어서는 다양한 외식 메뉴의 밀키트나 특수한 채소와 같은 해외 조미료 등의 인기가 급상승하고 있다.[93] 최근에는 젊은 생산자들을 중심으로 젊은 소비자의 눈높이에 맞추어 지역의 농수산물이 MZ세대의 이목을 끌고 있다.

대표적으로 춘천 '감자 빵'이다. 감자 빵은 토종 감자 품종을 감자 빵으로 만든 것이다. 일반 감자와 다르지 않은 모습에 감자 함유량이 높은 것이 특징이다. 또한, 점차적으로 농산물들은 생산지 위주에서 생산자의 브랜드로 판매망을 늘려가고 있다. 청년 감성에 맞는 상품력과 기획력으로 어필하고 있다. 이처럼 MZ세대는 지역의 농산물을 중심으로 한 특산물보다 그 지역의 누군가가 자기 삶과 가치관을 담아 생산하는 물품에 더 많은 관심을 갖는다.

(3) 재테크

MZ세대는 고용과 소득이 매우 불안정한 오늘날 미래에 대한 불안감이 더해지면서 자기 소비 패턴에 맞추어 투자하는 법을 스스로 배우고 자

92　정지우, 『인스타그램에는 절망이 없다』, 41.
93　대학내일20대연구소, 『밀레니얼-Z세대 트렌드 2021』, 116.

신만의 재테크를 실천하고 있다. MZ세대의 재테크 방법 중 하나가 '티끌 테크'이다. 잔돈 금융은 어린 시절, 돼지 저금통에 한 푼 두 푼 동전을 모으던 시절을 떠올리게 한다. 모바일 안에서 연결된 카드와 계좌를 통해서 지출할 때마다 소액을 자동으로 저축한다. 저금하는 일정 기간 없는 대신 신경 쓰지 않아도 알아서 잔돈이 쌓이게 된다.

MZ세대는 재테크에 있어 장기적인 목적보다는 쉬우면서도 재미있는 재테크를 선호하고 있다. 또한, MZ세대는 희소성 있는 물건을 거래하면서 이미 구매한 물건에 희소성과 상품성이 더해질 경우 기존 가격보다 더 비싸게 되파는 경향이 있다.

이러한 새로운 재테크의 유형을 '리셀'(Resell)이라고 한다. 그리고 처음부터 리셀을 염두하여 한정판을 사거나 몇 시간씩 줄을 서면서까지 상품을 구매한다. 이러한 행위를 '오픈런'(Open Run)이라고 하는데 원하는 상품을 구매하기 위해 개점 시간을 기다리다가 개점하면 바로 달려간다. 이를 위해서 매장 앞에서 하루 전부터 노숙하기도 한다.

마지막으로 MZ세대는 재테크의 방법으로서 주식에 대한 많은 관심을 가지고 있다. 2020년 COVID-19 팬데믹을 거치면서 주식을 거래하는 계좌가 1,100만 개나 늘었고 동시에 주식 인구도 400만 명 가까이 늘었다.[94] 주식 열풍의 배경에는 유튜브에서 제공하는 주식정보가 큰 몫을 했다. 이러한 상황은 주식뿐 아니라 가상화폐도 마찬가지이다. 2021년 1분기 국내 4대 가상화폐 거래소에서 가상화폐 거래를 한 번이라도 한 젊은 세대는 233만 5,977명으로 집계되었다.[95] 이들은 비트코인을 필두로 한 각종 코인이 급등세를 보인 탓에 큰돈을 벌기 위해 뛰어들었다.

---

94 김용섭, 『결국 Z세대가 세상을 지배한다』 (서울: 퍼블리온, 2021), 202.
95 김용섭, 『결국 Z세대가 세상을 지배한다』, 203.

3. MZ세대는 누구인가?

오늘 한국 사회는 현대 사회의 특징인 '변동성'과 '불확실성' 그리고 '복잡성'과 '모호성'의 시대를 살아가는 데 있어 젊은 세대들은 불확실한 미래를 바라보며 예측 불가능한 하루하루의 삶을 살아가고 있다.

COVID-19 펜데믹을 겪은 대변동 속에 질서의 혼란과, 장기간 경기 침체를 겪는 미래의 불확실성 속에 고용의 불안, 디지털 혁명에 따른 일의 복잡성 속에 심신의 피로 그리고 애매한 경계의 모호성 속에 역할의 갈등은 오늘날 현대 사회 미래를 예측할 수 없는 불안한 사회로 만들어가고 있다.

MZ세대는 불안한 미래와 마주하고 있는 세대이다. 이러한 세상에서 적응하고자 하는 MZ세대는 자기만의 독특한 문화를 만들어냈다. 이것은 네 가지의 문화로서 자기중심의 문화, 소통 중심의 문화, 의미 중심의 문화 그리고 소비 중심의 문화이다. 청년들의 독특한 문화가 만들어진 배경에는 급변하는 사회 문화에 적응하는 청년들이 신인류, '포노 사피엔스'라 불리며 디지털 문명에 능숙하게 대처했기 때문이다.

MZ세대가 기존 세대였던 베이비붐세대, X세대와 다른 것은 이전 세대가 정치 및 경제적 영향 아래에 형성된 것과 달리 MZ세대는 사회 문화적 영향을 받으면서 형성되었다.[96]

MZ세대의 등장에 따라 기성세대들은 적지 않은 충격을 받고 있다. 기존의 가치체계와 통념을 뒤바꾸어 놓았기 때문이다. 전통적 관습과 질서에 대항하며 자기 주장을 확실하게 드러내는 MZ세대는 기성세대로부터 예의가 없고, 개념이 없는 세대로 오해를 받기도 한다.

---

96 김효정, 『MZ세대 사용설명서』(경기: 넥서스 BIZ, 2022), 13.

그런데 이러한 충격은 과거 1990년대 X세대가 처음 등장했을 때 이미 기성세대는 경험한 바 있다. MZ세대는 기성세대와 사고방식과 가치관이 다른 세대이다. 이전에 등장했던 베이비붐세대, X세대와 생각이 다르고 가치관이 다르다. 다른 걸 넘어서 때로는 이상해 보이기까지 한다.

그러나 어느덧 MZ세대는 우리 사회의 깊숙한 곳에 자리 잡았다. 한국 사회의 전체 인구 구성을 볼 때 MZ세대는 전체의 44퍼센트를 차지하고 있다. 이제는 MZ세대를 알아야 하고 MZ세대가 사회에서 어떻게 살아가는지를 관심 있게 바라보아야 한다.

MZ세대 사용설명서의 저자 김효정은 MZ세대를 이해하는 중요한 특징으로서, 개별적이며, 경험적이고, 문화 중심적 특성을 갖는다고 보았다.[97]

필자도 저자의 주장에 동의하며 MZ세대의 특징을 다음과 같이 간략히 정리해 보고자 한다. MZ세대가 가진 속성은 다음과 같다.

첫째, 개별적인 속성을 갖는다. MZ세대는 부모로부터 자존감 교육을 체득한 세대이다. 이들은 자기 삶의 기준을 스스로 세워가는 모습을 보여 주며 다른 사람으로부터 인정과 칭찬을 받는 것을 당연하게 생각한다.

둘째, 경험적인 속성을 갖는다. MZ세대는 자기가 경험한 것으로 세계관을 꾸려가고 자기 결정과 그리고 독특한 취향을 사람들에게 드러내며 존중받기를 원한다.

셋째, 문화적인 속성을 갖는다. MZ세대는 다양한 문화를 창출하고 있다. 캐릭터 중심의 문화, 열성적 팬덤의 문화, 독특한 소비 문화와 재테크 문화처럼 이들은 문화의 전통을 계승하기보다 이전에 없던 독특한 문화를 창출하고 있다.

---

97 김효정, 『MZ세대 사용설명서』, 13.

이제 MZ세대를 배우는 것은 기업이나 조직 문화 안에서 매우 중요한 과제가 되었다. 이들을 제대로 알지 못하면 한국 사회 문화의 흐름을 따라가지 못하게 되며 조직 문화에서 소통의 문제가 생기기도 한다. 그래서 이제는 MZ세대를 이해해야 한다. 이들의 사고방식과 생각을 이해해야 소통과 설득이 이뤄지고 진정한 세대 간의 화합과 통합이 이루어질 수 있다.

그러므로 기성세대는 MZ세대가 예측 불가능한 사회를 사는 세대로 바라보며 이들의 성장과 발전을 위해 관심과 격려를 아끼지 않아야 한다. 그들의 배경이 되는 사회 문화의 현실을 이해해야 한다. 세대 간의 차이는 인정할 수밖에 없는 현실이며 문제는 이들을 적대시하거나 편견으로 바라보지 않고 이들을 새롭게 이해하고 받아들이는데 기성세대들은 마음을 열어야 한다.

MZ세대는 예측 불가능한 사회에서 불안과 두려움의 마음을 가지고 살아가고 있다. 겉으로만 MZ세대를 평가하며 비판했던 모습에서 이제는 이들이 현대 사회에서 겪는 고민이 무엇인지 이들이 겪는 고통에 귀를 기울여야 한다. 필자는 이후 본 연구에서 현대 사회 안에서 MZ세대가 겪는 위기와 갈등을 집중적으로 다루려고 한다.

제3장

현대 사회 문화 안에서 MZ세대의 갈등

1. MZ세대의 정체성의 혼란과 불행

1) 또 다른 자아

불확실한 세계 안에서 청년들이 몰려드는 곳이 온라인 SNS이다. 그중 인스타그램은 MZ세대의 자아감을 확인할 수 있는 곳 중의 하나가 되었다. MZ세대는 적극적으로 자기의 목소리를 내기 위해 1인 미디어로서 유튜브를 활용하고 인스타그램을 선점하여 사진을 올리고, 글을 쓰며 자신들의 정체성을 마음껏 드러내고자 한다.

청년들이 살아가는 사회 문화는 실제로는 어둡고 불안하기만 하지만, 인스타그램 안에서만큼은 누구보다 별처럼 빛나고 행복해 보이며 언제나 밝고 희망이 넘친다. 온라인에서는 언제든지 현실을 벗어나 온라인상에서 잃어버린 자아 정체성을 세워가고 있다. 그래서 청년들에게 있어 인스타그램에는 절망이 없다고 한다.[1] 올리는 사진마다 신상품을 드러낼 때 사람들의 주목을 받고, 고가의 제품을 드러내며 후기를 남길 때 유명인사

---

1   정지우, 『인스타그램에는 절망이 없다』, 62.

가 되기도 한다. 휴양지나 최고급 식당에서 식사하는 사진들이 실시간 노출이 될 때 많은 이들의 부러움을 사기도 한다. 다른 사람의 평가에 예민할수록 일명 "좋아요"와 같은 칭찬을 갈망하게 된다.

그러나 인스타그램에 올라오는 사진이 많을수록 많은 인기를 받을수록 점점 청년들의 현실감각을 잃어버리게 한다.[2] 더 많은 사람에게 사랑받고 싶고 인정받고 싶은 욕망에 따라 이전보다 더 리얼하고, 더 새로운 것을 찾아야 하는 수고가 뒤따르게 된다. 많은 사람들이 온라인상에 존재하는 자아가 오프라인 속 나의 모습을 담고 있다고 생각하지만, SNS에 올리는 일상의 사진들은 사실, 타인에게 보이기 위한 일차적 편집을 가한 편집본이다.

인스타그램(Instagram)에 빠져 있는 밀레니얼세대는 현실보다 인터넷의 SNS의 자기 자신의 모습에 치중한다.[3] 온라인에서는 내가 잘 지내고 있는 것처럼 보여야 한다는 강박감에 사로잡혀 현실과 다른 포장된 이미지들로 또 다른 나의 정체성을 형성해간다.

2) 정체성의 혼란

사이버 세계와 현실 세계의 경계가 무너지면서, SNS의 개발자들은 지금도 인간 본연의 욕구인 평판과 인정의 욕구를 자극하며 이용자들을 늘려가고 있다. 그 결과 내가 속해 있는 현실에 대한 인지부조화가 생기고 청춘이 오로지 밝고 늘 긍정적인 이미지들로 치환되며 온라인에서 비치는 나의 모습과 현실 속 나의 모습과의 간극이 일상화되고 반복이 되면서 자기의 현실을 바라볼 때마다 절망과 우울을 경험하게 된다. 온라인상에서 나의 모습과

---

2 정지우, 『인스타그램에는 절망이 없다』, 41.
3 정지우, 『인스타그램에는 절망이 없다』, 39.

오프라인 속에서 나의 모습을 바라보며 정체성의 혼란을 겪는 것이다.[4]

인스타그램의 사진은 대체로 연출된 것이기에 현실 속 실제 자기 자신의 모습을 보며 많은 청년이 괴리감을 갖는다. 여전히 많은 인플루언서와 유튜버들은 자신들의 팔로워들이 환호하는 온라인상의 왜곡된 이미지가 실제로 자신이라고 믿고 살아가며 심각한 위기에 노출되어있다.[5] 가상 세계에 몰입할수록 그 속에서 진짜 나는 누구인지 정체성의 혼란을 겪게 되며 현실보다 화려한 온라인 가상 세계 안에만 집중할 때 청년들은 정체성의 위기를 겪게 된다. 청년기는 아동기와 성숙기 사이에 있는 교차로와 같다. 이 시기는 이런 질문에 집중하는 시기이다.[6]

"나는 누구인가?"
"나는 어디로 가는가?"
"나는 무엇을 해야 하는가?"
"나는 무엇을 믿어야 하는가?"

그러나 이 질문을 하지 않을 청년들은 자신에 대한 올바른 이해와 평가, 자기 능력에 대한 신념이 약해져서 정체성의 혼란을 겪게 된다.

3) 청년 정신 건강

COVID-19 팬데믹에서 시행한 사회적 거리 두기는 관계의 위기를 초래하였다. 코로나 이후 가장 많은 외로움을 느끼는 집단이 청년들로 밝혀

---

4 임홍택, 『관종의 조건』 (서울: 웨일북, 2020), 191.
5 임홍택, 『관종의 조건』, 191.
6 엄옥순, "기독청년의 자아 정체성에 관한 연구," 「복음과 실천신학」 제43권 (2017년): 15.

졌으며 관계의 단절로 외로움을 느끼는 청년들이 페이스북과 인스타그램에 더욱 집착하게 되었다.[7] 정체성의 혼란속에 MZ세대가 겪는 정신 건강의 문제는 다음과 같다.

첫째, 좌절감이다.

청년들은 SNS를 통해 잠시나마 자기의 형편과 처지를 감출 수 있지만 외로움은 그 무엇으로도 가릴 수 없다. 심지어 돈을 주고 친구를 사게 되는 사이트가 등장하기도하였다. 온라인에서 많은 이들의 관심과 지지를 받으며 자기 정체성을 키워갈 때 청년들은 온라인과 다른 현실에서는 서로 다른 모습을 보여 준다. 현실 속에서는 더 완벽하지 못한 자기 자신의 모습에 분노하고, 더 성취하여 더 좋은 단계로 올라가지 못하는 자기 모습에 무기력함을 느끼고 인정을 받지 못하는 자기 모습에 좌절하게 된다.

둘째, 그 좌절은 결국 청년 자살의 문제로 이어지고 있다.[8]

경기대학교 범죄심리학 이수정 교수는 2020년 사망원인 통계에서 전체 인구 가운데 자살 비율이 가장 높은 연령층이 20대에서 29세로 청년층을 언급하며 이들의 주된 사망 원인이 자살이라는 점에 주목한다. 실제로 장기가 경기 침체와 불황에 따라 청년들의 사망 원인 가운데 자살율은 2018년 47.2퍼센트, 2019년 51퍼센트, 2020년 54.4퍼센트로 계속 증가하고 있다. 이수정 교수는 청년 자살율이 증가한 이유로서 미래에 대한 비전이 암울하고 불투명하기 때문이라고 지적한다.[9]

그뿐만 아니라 자기 체면을 중요하게 생각하는 한국 사회의 집단주의 문화로부터 생기는 조롱과 멸시와 그리고 혐오는 청년들을 궁지로 몰아 넣고 있으며, 온라인에서 늘 경계해야 하는 타인의 시선은 MZ세대를 자

---

7 김현수, 『가장 외로운 선택』 (서울: 북하우스, 2022), 53.
8 김현수, 『가장 외로운 선택』, 74.
9 이수정, "청년이 아프다" 「중부일보」 2022년 7월 13일.

기 연민 속에 장기간 우울감과 외로움에 젖어 들게 한다. 이들은 '도움을 청하느니 차라리 죽는 편이 낫다'라고 말하고 있다. 온라인을 기반으로 형성된 정체성은 자기 삶에 주어진 고통의 문제를 마주할 힘이 없다는 것을 보여 준다.

2. MZ세대의 공정감의 결여와 불신

1) 공정 사회에 대한 불신

MZ세대의 가장 큰 화두는 공정이다. 공정은 기성세대나 젊은 세대에게 모두 가장 큰 위기감을 가져오는 분야이다. 젊은 세대들이 공정에 대해 예민한 것은 세상을 살아가는 데 있어 내 노력과 실력에 합당한 평가와 대접을 받기 위해서이다. 기존 기성세대와 사회가 해결해주지 않으니 MZ세대는 공정에 있어 불신하는 목소리를 높이고 있다. 공정성에 민감하게 반응하는 이유 가운데 하나는 초중고등학교를 다니는 동안 시민의식을 함양할 수 있는 교육 과정을 통해 학습되었기 때문이다. 사회적 이슈를 가지고 토론하며 의견을 개진하는 과정에서 이들이 청년이 되었을 때 목소리를 내고 소통하려고 한다.[10]

오늘날 청년들은 더욱이 공정하지 못한, 채용 비리와 입시 비리에 대해 매우 실망하고 있다. 왜냐하면 입시와 채용은 모두 젊은 세대에게 있어 매우 중요한 사안인데 그것은 전통적 보편가치인 정직과 도덕성을 상징하기도하고 이것이 무너지면 이들의 생존도 함께 무너지기 때문이다.[11]

---

10 김효정, "꼰대, 밀레니얼과 함께 일하다" 「주간조선」 2019년 2월 15일.
11 김용섭, 『결국 Z세대가 세상을 지배한다』 (서울: 퍼블리온, 2021), 51.

90년대생이 그나마 신뢰하는 것이 있다면 그것은 한국의 국가 시스템이다. 이들이 공정에 민감한 것은 청년들이 느끼는 불안 속에서 유일하게 예측 가능성을 제공해주는 것이 국가 시스템이기 때문이다. 그들의 심리적 안정의 기반 중 하나인 능력주의에 대한 신뢰는 강한 믿음으로 나타난다.[12]

청년 MZ세대에 있어 중요한 것은 마지막까지 국가 공정 시스템에 대해 신뢰할 수 있도록 하는 최소의 장치이다. 그래서 이들은 오늘날 남은 마지막 국가 시스템인 공무원 시험에 몰리고 있다. 이처럼, 공정에 대한 실망감이 큰 90년생이 공무원이 되고자 하는 것은 오늘날 젊은 세대에 유일하게 남아있는 국가의 공정 채용 시스템이기 때문이다.[13] 이들은 정직함을 담보하는 공정한 시스템을 원하고 있다. 공정한 사회는 그저 약속으로만 만들어지는 것이 아니다. 공정한 선수 선발과 학생 선발 그리고 입사를 위한 채용에 관한 모든 것이 공정한 시스템화가 될 때 모두가 납득할 수 있게 된다.

2) 불공정에 대한 분노

현실에서 공정감은 여전히 회복되지 못하고 있다. 직장인 커뮤니티 블라인드에서 2018년에 한국 직장인 3,661명을 대상으로 실시한 설문 조사에서 "재직 중인 우리 회사의 채용과 과정이 공정한가"에 대한 질문에 무려 47퍼센트가 불공정하다고 답했다.[14] MZ세대는 오늘날 현대 사회의 무너진 공정 시스템을 바라보며 정부에 대해 불신하고 있다. 2018년에는 평창 올림픽 아이스하키 남북 단일팀에 대한 논란이 있었다. 한국리서치 조

---

12 임명묵, 『K를 생각하다』 (서울: 사이드웨이, 2021), 87.
13 임홍택, 『90년생이 온다』 (서울: 웨일북, 2019), 111.
14 김동기, "한국 직장인 47퍼센트 '우리 회사 채용 불공정'", 「BI KOREA」 2018년 12월 17일.

사에 따르면 남북 단일팀에 대한 반대의견은 40대의 경우 68퍼센트이지만 20, 30세대의 경우 82퍼센트로 매우 높은 수준이었다.[15]

MZ세대는 단일팀 구성이 공정하지도 정의롭지도 않다는 의견을 통해 정부와 기성세대에 대한 강한 불신을 그대로 드러냈다. 2019년에는 '조국사태' 그리고 2020년에 인천국제공항 정규직 전환에 대한 반발이 있었다. 최근에는 2021년 상반기를 떠들썩하게 했던 사건 가운데 하나가 LH 직원의 땅 투기 사건이다. 부동산 투기로 인하여 상대적 박탈에 벼락 거지라는 신조어까지 생기게 되었다.

LH 사건의 가장 큰 피해자는 20대이다. MZ세대에게 있어 공정은 생존의 문제로까지 번지게 되었다.[16] 공정감은 인간이면 누구나 가지고 있는 본능이며 MZ세대는 공평하고 옳음에 대한 추구가 강하다.[17] 그래서 나와 밀접하게 연관된 일에 대해 공정성이 훼손되면 분노를 느끼고 있다.

그래서 정치에 무관심했던 MZ세대들은 현실 속에서 공정감이 결여된 상황에 침묵하기보다 직접 행동으로 옮겨 분노하기도하며 청와대 청원 또는 서명운동에 참여하기도 한다. 또한, 기업 내에서는 공정한 평가제, 사실을 명시한 계약서나 매뉴얼을 중시하는 문화가 자리잡히기 시작했으며 성차별이나 위계질서에 강한 거부감을 느끼게 되었다.

이러한 결과는 결국, 세계투명성협회에서 발표한 자료에서 2007년부터 2016년까지 우리나라의 투명성 지수는 대게 10점 만점에 5점에서 5.6점 사이에 위치하는 것으로 니타났다. 순위로 보닌 선 세계에서 40위권에서 50위권 사이를 오르내리는데 최근 50위까지 떨어지게 된 것이다.[18]

15　구정우, "2030세대에게 배우는 '공정'과 '정의'" 「조선일보」 2018년 1월 22일.
16　김용섭, 『결국 Z세대가 세상을 지배한다』, 75.
17　김미라, 『밀레니얼의 일, 말, 삶』 (서울: 좋은땅, 2020), 57.
18　이재열, 『다시 태어난다면 한국에서 살겠습니까?』 (서울: 21세기 북스. 2020), 37.

3) 생존을 위한 공정감

MZ세대가 공정에 대한 관심을 갖는다고 해서 이들 세대가 공정한 것은 아니다. MZ세대가 공정감을 중요하게 생각하는 이유는 이들의 생존이 위협을 받고 있기 때문이다. MZ세대가 말하는 공정은 거창하거나 정의로운 것만은 아니다. 불공정으로 인하여 억울해하기 싫다는 것이며 손해 보기 싫다는 것이다. 공정한 세상을 만들겠다고 나서는 것이 아니라 내가 살아가는 데 있어 내 노력과 실력에 합당한 평가와 대접을 받고 싶다는 것이다. 손해를 보면서까지 억울하게 살아가는 것을 기성세대들이 해결해주지 않으니 직접 공정감을 외치며 나서는 것이다.

MZ세대가 비트코인 열풍에 빠지게 된 것을 단순한 청년들의 사회적 문제로서만 다룰 것이 아니다. 비트코인을 선호하는 이유는 새로운 유형의 자산에서 누구보다 공정하게 경쟁할 수 있기 때문이다. 그만큼 청년들은 공정한 사회를 통해 자기 생존성을 지켜가고자 한다.

오늘날 MZ세대는 누구보다 개인주의적이며 자본주의의 세대이다. 현대자동차그룹의 사무연구직 노조위원장은 1994년생이며 1991년생 입사 4년 차는 LG전자 사무직 노조 설립을 주도했다. 이들이 생각하는 노조의 설립 목적은 기존 기성세대와는 다르다. 노조원들은 사 측의 불통과 불투명함 그리고 불공정에 지쳐 노조를 설립했다고 말한다.

MZ세대는 인간으로서 정당한 평가와 보상을 받고자 하는 것이며 자신들이 행하는 일에 대한 정당한 평가가 내려지지 않을 때는 더 이상 침묵하지 않는다는 것을 보여 주었다. 그만큼 오늘의 시대는 갑질과 불공정을 더 이상 참지 못하는 시대인 것이다. MZ세대가 지지하는 공정은 투명해야 하며 합리적이어야 하고 정당한 보상이 따라야 한다. 이것은 지극히 정상적이고 단순한 내용에 불과하다. 그러나 이러한 상식이 잘 안 지켜지는 곳이 한국 사회였으며 기성세대가 주도했던 사회이다. 이러한 상식이 지켜지도록 몸으로 행동하며 나서는 세대가 MZ세대이다.

  능력주의는 공정해 보일 수 있지만, 그 시작이 애초에 기울어진 운동장이었다면 기회가 균등하지 않은 사회에서는 얼마든지 능력주의의 한계는 크게 다가올 수 있다. 그래서 MZ세대는 무명 가수를 스타로 역주행시키기도 하며 기성세대 시대에 불가능했던 일들이 생겨나도록 도울 수 있다. 이것이 기성세대가 주도했던 사회에서는 불가능했으나 MZ세대에게는 일상적인 삶이 되어버렸다.

3. MZ세대의 기대감 저해와 불안

1) 청년세대의 고용 불안

  MZ세대는 불안정한 고용의 실태와 취업난과 이직의 문제로 고민하는 선배들을 보며 미래를 포기하는 세대이다. 이들은 IMF를 겪은 부모의 실직을 지켜보았으며 2008년 금융위기를 통해 경제 위기 속에서 안정적인 사회를 추구하는 경향이 있다. 통계청에서 발행한 '2020년 6월 고용동향'에 따르면 20대 청년의 실업률은 10.2퍼센트이다. 코로나 상황 속에서 경기 침체로 인한 고용 문제가 쉽게 해결되지 않는 상황이다.

  그뿐 아니라 대기업 가운데 현대자동차, LG, KT와 같은 대기업은 아예 정기 공채를 폐지하기도 했다. 구직을 포기한 청년들이 IMF때보다 더 많은 시기이다. 미취업자 중 취업 준비 없이 시간을 보내고 있는 사람들이 39만 7천 명에 이른다.[19] 이것은 전체 응답자 23.9퍼센트이고, 전년 대비 19.2퍼센트 늘어난 수치이다. 과거에는 대학 프리미엄이 있어, 90년생

---
19 고광열, 『MZ세대 트렌드 코드』, 27.

의 대학 진학률은 81.9퍼센트에 달했지만. 이제는 시대가 변하여 대학 졸업장만으로 취업을 보장받을 수 없기에 대학 진학률 마저 점점 낮아지고 있는 추세이다. 취직의 관문을 뚫고 취업 성공률을 높이기 위해 오늘날 MZ세대는 그 어느 때 보다 학점 0.1 그리고 토익 10점에 목매는 것이다.[20]

고용 불안을 겪는 청년들은 불분명한 미래를 대비하기보다 현재에 집중하는 성향을 보인다.[21] 그래서 MZ세대는 안정적 미래를 위해서 공무원 시험에 몰리기 시작했다.[22] 통계청이 2016년 5월 발표한 '경제 활동 인구 조사 청년층 부가 조사 결과'에 따르면 청년층 취업 준비자 65만 2천 명 중에서 일반직 공무원 시험 준비자는 25만 7천 명으로 약 40퍼센트에 달한다.[23] 이에 따라 공무원 응시생들도 증가하고 있다.

2013년 7월에 열린 9급 공무원 공채 필기 시험에 응시한 취업준비생은 20만 4,698명으로 최초로 20만 명이 넘은 것으로 확인되었다. 2012년에 15만 715명이었던 것에 비해 급격히 늘어난 것이다. 하지만 공무원 시험에 합격하는 비율은 1.8퍼센트에 불과하다. 2016년 기준 28만 9천 명이 지원하여 6천 명만 붙고 나머지 28만 3천 명이 낙방했다.

<표 3.1> 각 세대별 특징 비교[24]

세대	70년대 생	80년대 생	90년대 생
뜻	1997년 IMF 직격탄을 맞은 세대	2008년 글로벌 금융위기 영향 세대	9급 공무원을 원하게 된 90년대생
입사 형태	신입 공채 위주	신입 공채+경력	경력 위주
구조조정 형태	일시 구조조정 (중간 관리자 이상)	수시 구조조정	상시 구조조정 및 정규직의 비정규직화

20　고광열, 『MZ세대 트렌드 코드』, 31.
21　고광열, 『MZ세대 트렌드 코드』, 24.
22　고광열, 『MZ세대 트렌드 코드』, 23.
23　임홍택, 『90년생이 온다』 (서울: 웨일북, 2018), 25.
24　임홍택, 『90년생이 온다』, 27.

위 도표에서, 90년생이 공무원 시험에 몰리게 된 근본적인 이유는 80년대 생이 겪은 수시로 진행된 구조조정의 공포 때문이다. 취업의 불확실성을 최대한 피할 수 있고, 인생의 기회비용을 최소화할 수 있는 최적의 선택이 공무원이었다. 20대 초기 성인이 사회에 진출하기 위해 자기소개서를 쓸 때 빠지지 않는 항목이 있다.

"회사에서 어떻게 기여할 수 있는지 경력 위주로 서술하시오."

신입 공채이지만 경력을 묻고 있다. 최대 취업 포털 사이트 <사람인>에서 230개 회사를 대상으로 이렇게 질문한 결과 40.4퍼센트가 '있다'라고 대답했다.[25]

"올해 신입 채용을 줄이고 경력직 채용으로 대체한 적이 있습니까?"

그 이유는 '실무 처리 인력이 급해서 (36.6퍼센트)', '최소인원만 고용하여 인건비를 줄이기 위해서 (22.6퍼센트)', '필요한 인원만 충원하기 위해서 (20.4퍼센트)', '경력 채용에 대한 만족도가 높아서 (17.2퍼센트)' 등을 들었다.

취업포털 <잡코리아>는 기업 채용 담당자 592명을 대상으로 설문 조사한 결과 57.8퍼센트가 서류전형의 당락을 결정하는 요소로 지원자의 경력을 꼽았다.[26] 신입사원보다 경력사원을 우대하는 사회 문화를 비꼬아 90년대 생 사이에서 '경력의 뫼비우스의 띠'라는 말이 유행하기도 했다. 즉, 경력이 없으니 취업을 할 수 없고, 취업을 할 수 없으니 경력을 쌓을 수 없다는 것이다.[27]

결국, 한국 현대 사회 문화에서 신입사원은 점점 사라지고 있으며 취업의 기회는 줄어들고 있다. 통계청에서 발표한 '2020년 6월 고용 동향'에 따르면 20대 청년의 실업률은 10.2퍼센트이다. 코로나로 인해 취업 자체가 쉽지 않았다. 현대자동차, LG와 같은 대기업은 아예 정기 공채를 폐

---

25   고광열, 『MZ세대 트렌드 코드』, 27.
26   한혜란, "기업, 신입 사원 뽑을 때 '경력' 가장 많이 본다." 「연합뉴스」 2014년 8월 6일.
27   장강명, 『당선, 합격, 계급』 (서울: 민음사, 2018), 70.

지했다.[28] 미취업자 중에서 구직 활동 없이 보내는 사람만 39만 7천 명에 달한다.[29]

대기업의 취업률이 낮아지는 것과 반대로 공기업 또는 공무원은 연공서열과 정년이 보장되며 구조조정의 공포가 거의 없기에 취업을 위한 경쟁률은 계속 높아지고 있다. 실제로 1953년 한국 정부 수립 이후, 단 한 번도 구조조정은 진행된 바 없다. 오늘날 90년생이 공무원 시험에 몰리는 현상은 청년들이 그만큼 변화하는 시대에 적응하고 있다는 것을 보여주는 동시에 오늘날 현대 사회 문화 속에서 생존을 위한 최선의 결정으로 볼 수 있다.

2) 포기와 혐오 사회

고용에 대한 불안이 2010년도에 최고치에 이르며 급부상한 단어 가운데, 헬조선, 수저계급론이었다. 2014년 12월에 기사로 등장한 이후 헬조선론은 한국의 현실은 지옥과도 같은 의미로 사회 전반에 확산되었다. 취업대란, 청년 명퇴, 위계적 조직 문화, 저출산, 치솟는 주거비, 자살률, 취약한 사회 안전망, 사회 양극화 현상과 같이 다 나열하기 힘든 한국 사회의 모든 문제를 '헬조선' 한 단어로 모두 흡수해 버렸다.[30] 한국 사회를 통찰하는 하나의 시대적 키워드가 된 것이다.

그리고 수저계급론은 태어날 때부터 물고 태어난 수저가 있다는 것이다. 금수저, 은수저, 흙수저에 따라 인생의 운명이 결정되며 그것을 뒤집기 불가능하다는 것이다. 이 시기에 풍족한 삶을 영위할 수 있다는 건물주에 대한 선망이 싹트기 시작했다. 그리고 청년들은 오늘날 우리 사회가 자기 노

---

28 임홍택, 『90년생이 온다』, 27.
29 임홍택, 『90년생이 온다』, 27.
30 조한혜정, 엄기호 외, 『노오력의 배신』 (서울: 창비, 2016) 31.

력만으로 불평등의 문제를 해결할 수 없다는 것을 몸으로 깨달았다.[31]

그 결과 '세대별 성별 한국 사회 전반 평가'에 대한 설문 조사에 따르면 19~34세 청년 10명 가운데 8명은 한국 사회를 '헬조선'으로 평가한다고 응답했으며, 10명 가운데 7.5명은 한국을 떠나 살고 싶어 하여 청년들은 기성세대에 비해 사회 전반에 관하여 불안감이 더 높은 것으로 나타났다.[32]

또한, 지금의 '20, 30세대가 경쟁력 있는 세대라 생각하느냐'에 대한 질문에 무려 57퍼센트가 부정적으로 응답했으며, 동시에 '나는 한국이 싫다는 말에 동의하느냐'에 대한 질문에 51퍼센트가 동의한다고 대답했다.[33] 청년세대의 불안한 미래 전망에서 MZ세대가 가진 '헬조선신드롬'의 씁쓸한 단면을 볼 수 있었다.

한국 사회에 대한 상실감 속에 계속되는 고용의 불안은 급기야 청년들을 향하여 포기세대라 부르기 시작했다. 10년 전에는 88만원세대라는 말이 나왔지만, 이제는 더 나아가 N포세대라고 말한다. 청년세대를 거쳐 갔던 포기의 역사는 과거 연애, 결혼, 출산을 포기하는 3포세대를 지나 주택마련과 인간관계를 포기하는 5포세대 그리고 꿈과 희망을 포기하는 7포세대로까지 이어졌다.[34]

오늘날 청년들이 살아갈 세계는 더 이상 예전처럼 팽창하는 사회도 아니다. 소멸하고 오염되며 점점 불확실해지는 사회이다. 밀레니얼 이전 세대는 자본주의에 대한 믿음을 가지고 신자유주의의 반발 속에 치열하게 살아왔지만 밀레니얼세대는 신자유주의가 확립된 세계에서 자라나며 개인의 노력이 오롯이 결과로 이어지지 않는 것을 잘 알고 있다.

---

31 조한혜정, 엄기호 외, 『노오력의 배신』, 15.
32 박현정, "청년 75퍼센트 '한국 떠나고 싶다'" 「한겨레」 2019년 12월 20일.
33 강지남, "나아진다는 희망 없다 '탈 한국'이 답이다" 「신동아」 2015년 10월 16일.
34 고광열, 『MZ세대 트렌드 코드』 (서울: 밀리언서재, 2021), 29.

그래서 자신을 희생하고 열심히 살아도 결국 나에게 돌아오는 것은 없다는 사실에 자괴감을 느낀다. 급기야 관계에서도 '헌신하면 헌신짝이 된다'라고 믿으며 살아가고 있다.[35]

3) 미래 일자리의 전망

세계경제포럼 회장을 맡고 있는 클라우스 슈밥은 2019년 발행한 『제4차 산업 혁명』에서 2008년 미국발 서브 프라임 사태로 인하여 찾아온 경제·금융 위기가 아직까지도 회복하지 못하고 있으며 전 세계적으로 경제 성장률은 3~3.5퍼센트의 경제 성장률에 고착되었기에 경제전문가들은 '센터니얼 슬럼프'(100년 동안 계속되는 슬럼프)의 가능성과 장기침체를 언급하고 있다.[36] 경제 성장률이 둔화된 다양한 이유로서 가장 눈여겨볼 대목은 다음과 같다.

첫째, 인구 고령화의 문제이다.
고령화의 문제는 매우 심각하다. 현재 노인 인구수는 2030년 기준으로 전체 80억 명, 더 나아가 2050년에는 90억 명으로 예상된다. 결국, 인구의 노령화에 따라 부양해야 할 인구수는 늘어나게 되고 반대로 인구의 출생 수는 점차 줄어들고 있기에 전체적으로 볼 때 생산 인구수는 급격하게 줄어들고 있다. 그 결과 경제 활동 인구수가 줄어들고, 동시에 부양해야 하는 인구가 늘어나게 되면서 주택이나 자동차, 가전제품과 같은 고가 재화의 소비가 자연스럽게 줄어들게 되고 노령화 인구는 은퇴 생활에 필요한 자산을 지키려는 경향이 있기에 경제성장은 점차 낮아지고 있다.[37]

---

35 김효정, "꼰대, 밀레니얼과 함께 일하다"「주간조선」2019년 2월 15일.
36 Klaus Schwab,『클라우스 슈밥의 제4차 산업 혁명』(서울:새로운현재, 2019), 58.
37 Klaus Schwab,『클라우스 슈밥의 제4차 산업 혁명』, 59-60.

그뿐만 아니라 은퇴를 앞둔 노년의 인생은 100세 시대를 맞이하여 제2의 인생을 위한 취업과 일자리를 마련을 위한 노력으로 취업의 문을 두드리고 있기에 MZ세대는 일자리를 구하기가 이전보다 더욱 어려운 상황이다.

둘째, 양극화 문제이다.

무엇보다 노동시장의 양극화는 더 큰 사회문제로 번질 수 있다. 창의성을 요구하는 고소득 전문직(고급 전문 교육을 받거나 전문직 분야에서 일할 수 있는 능력을 갖춘 인력) 그리고 반대로, 저소득 노무직에서는 고용이 늘어 날 것으로 예상이 된다. 중간 소득층이라 불리는 중산층의 일자리는 크게 줄어들 것이다.

이로 인하여 사회적 불평등과 사회적 긴장감은 한층 높아지게 된다. 일자리의 문제가 전 세계적으로 중요하게 다루어지는 상황 속에서 많은 청년이 COVID-19로 인한 경기 침체의 위기 속에서 취업의 어려움을 겪으며 전공을 바꾸거나 고소득 전문 직종을 선호하는 경향을 보여 주고 있다.

셋째, 자동화의 문제이다.

테일러 피어슨은 『직업의 종말』에서 사회적으로 볼 때 일자리는 정점을 찍었다고 말한다. 20세기 후반을 특징짓던 고임금의 풍부한 일자리는 이미 다 지나갔다는 것이다. 피어슨은 오늘날을 일컬어 직업의 종말에 다가서는 시대라고 보았다. 전 세계적으로 교육 수준이 높아졌으며 학사, 석사 그리고 박사에 이르기까지 학위소지자들을 흔하게 볼 수 있게 되어 전문화되었고, 동시에 기술개발과, 기술혁신과 같은 자동화로 인하여 인간의 노동력은 로봇이나 자동화 기계로 대체되고 있다.

4차 산업 혁명 시대에 가장 우려되는 부분은 대량 실업 사태이다. 신기술의 개발로 기존의 일자리는 4차 산업 혁명 시대의 로봇은 이전가 달리 인간의 간섭 없이 스스로 일을 해냈다. 로봇이 지능화되고 있기에 여러 사람이 하던 일도 스스로 하게 되었다. 그래서 고용주들은 높아지는 임금을

감당할 수 없기에 차라리 로봇을 쓰는 게 더 낫다고 말할 정도이다.[38]

위에서 언급한 것처럼, 직업의 고용률은 점점 악화할 것으로 예상된다. 이제는 어떻게 일자리를 구할 것인지 보다 어떻게 일자리를 창출할지에 대한 질문을 던지는 시대가 되어 버렸다.

4. MZ세대의 자존감의 상실과 불만

1) MZ세대가 느끼는 불편

MZ세대가 새로운 소비 권력으로 급부상하고 있지만, 오늘날 한국 사회를 이끌어 가는 주 권력의 중심 세대는 따로 있다. 이들은 오늘날 50대로서 586세대이다. 이들은 자신들의 권력을 창출하기도하고 정치적으로 오늘날 가장 중심부에 있다. 586세대가 정치를 선점했다면 문화를 선점한 기성세대는 베이비붐세대이며 X세대라고 할 수 있다. 지위나 권력, 부에 있어서 다른 세대보다 우위를 선점하며 기득권을 가진 이들은 능동적이기보다 수동적이기에 변화와 혁신의 필요성을 알면서도 자신들이 변화와 혁신의 대상이 되는 것을 받아들이지 않는다. 기업에서 세대 갈등의 이슈에 가장 민감한 이들은 40대로서 X세대이다.

이들은 직장 내에서 후배 관리가 어렵다고 말하며 이로 인해 갈등이 깊어지고 있다. 이들이 정치적·사회적·문화적 권력의 중심에 서 있다 보니 MZ세대는 항상 기성세대가 이미 결정해 놓은 사회에 살면서 윗세대가 만든 문화를 소비해야 하는 처지이다.[39] 어린 시절부터 즉흥적이며 수평

---

38 손을춘, 『4차 산업 혁명은 일자리를 어떻게 바꾸는가?』 (서울: 을유, 2018), 20.
39 정지우, 『인스타그램에는 절망이 없다』 (서울: 한겨레출판사, 2020), 72.

적 커뮤니케이션에 익숙한 MZ세대는 회사에 입사하는 순간부터 당황하는 것은 큰 조직 속의 최하위층에 위치하여 직급과 나이 등에 따른 위계질서에 편입되기 때문이다. 위로부터 아래로, 시키는 대로 하는 것과 같은 일방적 지시나 소통은 MZ세대에게 불편하며 부당하다고 느낀다.[40]

2) 기성세대를 향한 불만

기득권을 놓지 않는 기성세대를 가리켜 '꼰대'라는 은어가 사용되고 있다. '꼰대'라는 단어는 영감이나 노인을 의미하는 단어로써 사용되어 왔다. 과거 젊은 세대가 아버지나 선생님과 같은 기성세대를 지칭하는 은어로까지 사용되었다. 꼰대라는 단어는 90년대에는 잘 사용하지 않는 단어였다. 그러나 2002년도에 들어서서 권위주의에 대한 반발로서 2010년도부터는 폭넓게 사용되고 있다.[41]

90년대생은 일상에서 '꼰대'를 피하며 다녔지만 유독 회사 내에서만큼은 더 이상 '꼰대'들을 피할 수 없게 되었다. 2017년 취업포털 <인크루트>가 실시한 설문 조사에 따르면 직장인 10명 가운데 9명은 '사내에 꼰대가 있다'고 답했다.[42] 이러한 '꼰대'들의 특징은 일명 '답정 너'로 알려져 있다. '답정 너'는 답은 이미 정해져 있고 너만 대답하면 된다는 뜻이다. 또한, '까라면 까'와 같은 상명하복의 유형과 '내가 이미 해봐서 알아'라고 하는 전지전능 유형, '너 미쳤어'와 같은 분노 조절 장애 유형이 있다. 다짜고짜 '야!'라고 반말하는 유형도 꼰대로 꼽힌다.[43]

---

40 김효정, "꼰대, 밀레니얼과 함께 일하다" 「주간조선」 2019년 2월 15일.
41 임홍택, 『90년생이 온다』 (서울: 웨일북, 2018), 148.
42 임홍택, 『90년생이 온다』, 148.
43 임홍택, 『90년생이 온다』, 148.

청년들은 기성세대가 주도하는 수직적 문화에서 오는 불합리함을 거부하고 있다. 과거에는 직장 상사 및 선배의 언행이 과격하더라도 말이 거친 사람 정도로 이해하고 넘어가는 경우가 있었지만, 지금의 MZ세대는 과거의 '사랑의 매'가 통하지 않는 세대이다. 이들은 과거 '학생의 인권은 존중받아야 한다'라는 명분 아래 체벌이 폐지된 평등한 교육을 받아왔기 때문이다.[44] 그래서 MZ세대는 '갑질을 당하거나 존중받지 못했다'라고 생각하면 주저 없이 일을 그만둔다.

<표 3.2> 세대별 충성의 대상 차이 [45]

구분	70년대 생	80년대 생	90년대 생
회사에서 충성의 대상	회사 그 자체	자기 팀과 프로젝트	자기 자신과 자신의 미래
회사에 대한 충성의 대상	회사에 대한 충성심은 곧 나에 대한 충성	몸값과 승진을 보장	회사에 헌신하면 헌신 싹이 됨

기성세대는 이러한 MZ세대를 바라보며 정신력을 문제 삼는다. 이러한 현상은 서로 다른 세대 간의 차이에서 비롯되는 것이다.[46] 과거 베이비붐 세대에게는 회사에 충성하는 것이 당연한 것처럼 여겨졌지만, 90년생에 있어 충성심은 그 대상과 방법이 예전과 다르다.

오늘날 MZ세대에게 권위와 강한 통제방식은 더 이상 통하지 않는다. 갈등만 일으킬 뿐이다. 이들은 강압적인 요구에 그들의 권리를 잃으려 하지 않고 전체를 위한 소수의 희생은 합리적이지 않다고 생각한다. 2019년 7월 16일부터 괴롭힘 방지법이 시행되었다. 지위 또는 관계의 우위를 이용하여 업무상 적정 범위를 넘어 신체적 정신적 고통을 주어서는 안 된다

---

44 박소영, 『밀레니얼은 처음이라서』 (서울: kmac, 2021), 59.
45 임홍택, 『90년생이 온다』 (서울: 웨일북, 2018), 156.
46 박소영, 『밀레니얼은 처음이라서』, 59.

는 것이다.⁴⁷

3) 참여와 인정에 대한 욕구

MZ세대는 자기 권리를 지키고 행사함으로써 자기 존재감을 확인하는 데 익숙하다. 또한, 숙련공이 되기 이전에 팀 내에서 중요한 역할을 하기 원하고 직접 참여를 통해 주목받는 것을 갈망한다. 이것은 이들에게 일종의 '인정'의 의미이며 이를 통해서 직무와 회사에 대한 만족도를 높이게 되고 그들의 책임감도 가중되게 한다. 하지만 MZ세대에게 처음부터 많은 기회와 참여가 주어지지 않을 때, 청년들은 조직 내에서 존중감을 느끼지 못하게 되고 동시에 업무 만족도는 낮아지게 된다.

이러한 MZ세대에게 필요한 것은 조직에 본인을 필요로 한다는 느낌을 받는 것이다. 회사 업무에 참여한다는 것은 일종의 '인정'의 의미이며, 이는 그들의 직무와 회사에 대한 만족도를 높일 방안 가운데 하나이다.⁴⁸

그러나 기대와 달리 실제 현장에서는 회사 내 역할이 한정되거나 보조적인 역할을 하게 되므로 현실 속에서 갈등을 겪게 된다. 이처럼 회사에서의 참여의 보장은 MZ세대에게 매우 중요한 요소이다.

참여는 MZ세대가 가장 바라는 것이며 동시에 가장 얻기 힘든 것이기 때문이다. 이러한 MZ세대를 이해하지 못하는 기성세대는 젊은 세대를 가리켜 쉽게 녹아내린다는 의미로서 '눈싱이 세대'라고 부르며 한국에서는 이와 같은 사람을 가리켜 '쿠크다스 멘탈'이라고 부르기도 한다.

이러한 MZ세대를 이해하기 위해서는 무엇보다 오늘날 MZ세대가 부모의 과잉보호 속에서 칭찬과 격려를 받고 살아왔음을 잊지 말아아 한

---

47 고광열, 『MZ세대 트렌드 코드』 (서울: 밀리언서재, 2021), 150.
48 임홍택, 『90년생이 온다』, 211.

다.[49] 이들은 강압적인 통제가 아닌 대화가 필요하며 자녀의 삶에 적극적으로 개입한 부모들 덕에 이들의 자존감과 자의식은 한껏 높아졌지만, 성인이 된 이후에도 여전히 부모에게 의존하는 성향이 남아있어서 꾸준히 피드백 하며 칭찬과 격려를 해야 한다. 회사보다 자기 자신의 발전과 본인의 미래에 더 큰 가치를 두고 있기에 기성세대들은 어떻게든 청년의 목소리로, 청년의 시야로, 사회 문화를 이야기해야 한다.[50]

---

[49] 김미라, 『밀레니얼 일,말,삶』 (서울: 좋은땅, 2020), 255.
[50] 정지우, 『인스타그램에는 절망이 없다』, 80.

제4장

VUCA 시대, MZ세대의 파트너가 되라

　필자는 MZ세대의 갈등 해결을 위해 인간 발달 단계와 인생의 생애주기를 연구하는 제프리 아넷(Jeffrey Arnett)의 이론을 살펴보고자 한다. 아넷은 전 생애에 걸쳐 성장하고 변화하는 인간의 발달 과정을 이해하기 위해 문화적 접근을 시도하는 학자이다. 인간은 출생부터 죽음에 이르기까지 문화의 구성원이며 인생의 전 생애 기간 동안 다양한 문화를 경험하며 인간의 발달 과정에서 문화와 밀접한 관계를 맺고 자기가 속한 지역의 사회 문화의 환경에 영향을 받으며 고유한 행동의 방식을 습득하며 살아간다. 영아기부터 아동기, 청소년기와 성인기에 이르기까지 인간은 발달 과정을 거치면서 수많은 문화를 경험한다.
　인간 발달 과정에 있어 문화적 접근은 오늘날 인류가 살아가는 방식이 서로 다르다는 것을 알게 한다. 인간은 공동체의 일원으로서 문화를 통해 각기 고유한 삶의 방식을 가지고 있는 존재이다.
　제프리 아넷은 인간의 뇌 발달로 인하여 생존에 필요한 기술과 방법을 터득하고 학습함으로써 어떠한 환경에서도 생존할 수 있는 인간의 가능성에 주목한다. 인간은 다른 동물들과 달리 문화적 학습 역량이 크기 때문에 어떻게 살아야 하는지 스스로 결정하며 고유의 문화를 창조하게 되었다. 지금까지는 인간의 발달에 있어 자기 자신을 결정하는 것은 생물학적 기초였다. 그러나 사회 문화의 발달에 따라 각자가 문화를 학습하며 사회 문화 안에서 자기 역할과 지위는 새롭게 부여되었다.

아넷은 인간 발달의 문화적 접근에 따라 인생의 생애주기를 다음과 같이 구분한다.

<표 4.1> 아넷의 인간 발달 단계[1]

영아기	걸음마기	초기 아동기	중기 아동기	청소년기	성인 진입기	성인초기	성인중기	성인후기
0-1세	1-2세	3-6세	7-9세	10-18세	19-29세	30-40세	40-60세	60세이후

<표4.1>에서 보는 것과 같이 출생에서 12개월까지의 영아기, 생후, 2~3년에 따른 걸음마기, 3세~6세의 초기 아동기, 6세~9세의 중기 아동기, 청소년기, 성인 진입기, 성인 초기, 성인 중기, 성인 후기이다. 아넷의 성인의 생애 단계들은 시작되고 끝나는 정확한 연령은 없으며 대체적인 연령 범위가 적용된다.[2] 눈에 띄는 것은 성인 진입기(Emerging Adulthood)로서 기존의 성인 초기 앞에 10대 후반에서 20대 초반을 일컫는 세대를 넣었다는 것이다.

청소년기와 성인기 사이에 생애의 새로운 단계가 성인 진입기이다. 아넷은 이전에 없었던 시기를 가리켜 '성인 진입기'(Emerging Adulthood)라는 새로운 시기를 주장한다. 필자는 아넷의 성인 진입기(Emerging Adulthood) 이론과 뷰카(VUCA) 시대의 현대 사회 문화를 접목하여 MZ세대를 보다 이해하기 위해 다음의 네 가지 틀을 구성하여 전개하고자 한다.

1　Jeffrey Jensen Arnett, 『인간 발달: 문화적 접근』 정영숙외 옮김 (서울: 시그마프레스, 2018) 56.
2　Jeffrey Jensen Arnett, 『인간 발달: 문화적 접근』, 405.

1. 변동성의 시대, 독특한 세대

1) 세대 명칭의 작성과 유래

세대의 갈등을 이해하기 위해 세대의 의미를 먼저 살펴보아야 한다. 세대의 어원은 '성립' 혹은 '출현'(to come into existence)이라는 의미를 갖는 희랍어 'genos'에서 유래하였다.[3] 황상민·양진영 박사의 세대 집단에 관한 연구에서 밝힌 세대의 의미는 다음과 같다.

첫째, 새로운 또래 집단의 등장이나 일정한 생애 단계로의 도달과 같은 다양한 의미로 사용되었다.
둘째, 아버지와 자녀 세대와 같이 상호관계의 위치를 구분할 때 사용된다.
셋째, 인간 발달 과정의 아동기, 소년기, 청소년기, 청년기, 중년기, 노년기와 같이 생애주기의 일정 단계에 있는 사람 및 집단을 지칭할 때 사용된다.
넷째, 세대는 사회학 용어로서 어떤 특정한 역사적 사건이나 이슈를 경험한 동년배 집단(cohort)[4]을 의미할 때 사용된다.[5]

<표 4.2>에는 세대 명칭과 유형 그리고 세대별 특징이 정리 되어있다.

---

3 박재홍, "세대연구의 이론적 방법론적 쟁점,"「한국 인구학」제24권 제2호 (2001년): 49.
4 동년배 집단은 현대 사회 문화 속에서 다양한 경험을 공유하면서 유사한 행동을 보이는 사람들을 같은 부류로 묶는 집단을 의미한다. 이들을 같은 세대로 부르는 이유는 사람들의 자아가 자신이 속한 세대가 갖는 가치와 태도, 신념과 행동 양식 그리고 생활 방식을 중심으로 이루어졌기 때문이다.
5 황상민, 양진영 "한국 사회의 세대 집단에 대한 심리학적 탐색: 전이적 공존 관점을 통한 대학생 집단의 세대 이미지 분석,"「학국심리학회지: 사회 및 성격」제16권 제3호 (2002년): 77.

<표 4.2> 세대 명칭의 유형별 특성[6]

구성기준		세대 명칭	특성
역사적 경험	역사적 사건	한국전쟁세대, 4.19세대, 유신세대, IMF세대, 광장세대	코호트 시각 잘 반영, 정치, 경제, 사회 문화적 사건과 상황의 경험 중시 (상업적 활용도 낮음)
	시대 특성	산업화세대, 민주화세대, 탈냉전세대, 베이비붐세대, 386세대, 88만원세대	
나이 / 생애 단계	10년 단위	2030세대, 5060세대, 1020세대	연령/코호트 효과 혼재, 이념지향의 구분, (상업적 목적의 차별화)
	학교 급별 연령 범위	1318세대(중,고) 1315세대(중), 1618세대(고), 1924세대(대)	연령/코호트 효과 혼재 (상업적 목적의 차별화)
	생애단계	청년세대, 대학생세대, 노년세대, 실버세대	
문화적, 행태적 특성	문화적, 행태적 특성	신세대, X 세대, M 세대, Z세대, 디지털세대 등	문화적, 행태적 특성의 포괄적 표현, (상업적 목적의 차별화)
	소비행태	P세대, WINE세대, 2.0소비자 등	표본 조사에 근거 (상업적 목적의 차별화)

박재홍 박사의 세대 유형별 구분법에 따르면 세대의 명칭을 구분하는 기준은 크게 세 가지이다.

첫째, 역사적 경험에 따른 세대 명칭이다.

비슷한 시기에 출생한 코호트(Birth Cohort)의 시대적 경험과 사회 문화와 같은 시대 특성을 세대 명칭에 부여하여 전쟁세대, 유신세대 등과 같이 당시의 경험을 중요시하는 작명법이다. 이것은 인문, 사회, 과학계에서 가장 일반적으로 사용하는 역사적 유래를 포함한 작명방식이다. 이처럼 특정한 기간, 비슷한 시대 배경과 특정한 경험을 공유하는 사람들의 연령

6　박재홍, "세대 명칭과 세대 갈등 담론에 대한 비판적 검토"『경제와 사회』제81호 (2009년): 15.

집단을 인구학에서는 출생 동시 집단(Cohort Group)[7]이라고 한다. 같은 시기에 태어나 비슷한 환경에서 자란 이들은 유사한 사회 경제 문화적 영향을 받았을 가능성이 높으며 사회를 바라보는 관점 및 가치관에 있어서 유사한 특징을 갖는다.

둘째, 연령이나 생애주기 단계에 따른 세대 명칭이다.

나이를 10년 단위로 나누며 20대와 30대를 하나로 묶어 '2030세대'로 작명한다. 한국의 경우 다양한 사회 변동과 문화의 변화로 인하여 10년 주기를 많이 채택하여 사용한다. 그리고 중·고교 연령층의 연령 범위를 표기하는 '1318세대'처럼 부르는 경우가 있다. 또한 청년세대나 실버세대와 같이 생애주기의 특성과 상징을 세대 이름에 표기하였다. 시대의 변화와는 상관없는 특정 연령을 지칭하고 있다. 생애주기 안에서 '연령'이 갖는 보편적 속성을 나타내는 것을 '연령 효과'라고 하는데 이는 생물학적 그리고 사회적 성숙에 따라 나타나는 효과를 강조하는 작명법이다.

셋째, 문화 및 행태적 특성을 반영한 세대 명칭이다.

이것은 소비자들의 소비행태에 따른 세대 명칭의 구분으로 볼 수 있으며 또 하나는 언론기관이나 개별연구자에 의해 청소년 및 청년 등의 문화적, 행태적 특성을 고려하여 작명한 것이다.[8] M세대와 Z세대는 '포노 사

---

[7] 출생 동시 집단(Cohort Group): 코호트는 원래 로마군단의 조직 단위(300~600명)를 의미하며 같은 특성을 공유하는 집단을 일컫는다. 비슷한 특징을 가진 사람의 집합체의 구성원들은 공통된 경험과 특징을 통해 서로를 이해하고, 설득하며, 그들의 욕망을 해결하려고 한다. 연구 및 마케팅에 관련된 소비자 조사에서 특정한 집단을 연구할 때 사용된다. 매우 중요하게 생각하고 있는데 한국에서는 가장 쉽게 구분할 수 있는 나이를 기준으로 집단화했으며 대개 10년 단위, 좀 더 세분화하면 5년 단위로, 좀 더 넓게 보면 15년에서 30년으로 나뉜다. 그래서 그동안 세대별, 연령대별, 성별을 중요한 기준으로 사람들의 동향을 분석했다.

[8] 박재홍, "세대 명칭과 세대 갈등 담론에 대한 비판적 검토," 「경제와 사회」 제81호(2009년): 19-21.

피엔스'로 불려지는 신 인류로서 스마트폰과 같은 디지털 장비를 주로 사용하는 사회 문화적 배경 아래에 동질의 경험을 하고 살아가는 비슷한 행동 양식과 세계관을 지녔기에 MZ세대로 하나로 묶어서 부르게 되었다.[9] 세대의 구성 그리고 세대의 명칭을 이해하는 것은 세대 간의 문화를 이해하는 데 도움이 된다.

2) 세대 집단 의식의 형성

사회학자 카를 만하임(Karl Mannheim)은 어린 시절의 경험과 사회 문화의 독특한 경험은 인간이 가진 경험의 가장 밑에 위치하여 층을 쌓게 되는데 이것을 사회학의 용어로써 경험 성층화(經驗 成層化; Stratification of Experience)라고 한다.[10]

세대를 사회학적 관점으로 보았던 칼 만하임은 사회 문화적, 역사적으로 비슷한 시기에 태어난 연령집단은 자신들을 하나로 결합하는 공동 경험을 하게되는데 이 공통된 경험이 '우리'라고 할 수 있는 공통적인 정서를 형성한다고 보았으며 이것이 세대를 구성하는 기초라고 말했다.[11] <표 4.3>은 각 세대의 의식을 형성하는 데 있어 한국 사회에 공통적인 정서를 갖게 했던 주요한 사건들이 무엇인지를 보여 준다.

---

9 김효정, 『MZ세대 사용설명서』(파주: 넥서스 BIZ, 2022), 24.
10 김도환, 정태연, 『청년기의 자기 탐색』(서울: 동인, 2002), 23.
11 Karl Mannheim, 1952(1928). "The Problem of Generationd" in K. Mannheim, *Essays on the Sociology of Knowledge,* New York: Oxford Unversity Press, 276-320.

<표 4.3> 세대별 구분법[12]

세대	출생 연도	주요 사회 이슈
산업화세대	1940~1954	한국 전쟁, 베트남 전쟁
베이비 붐 세대	1955~1959	5.16군사정변 / 새마을운동
386세대[13]	1960~1969	6월 항쟁 / 민주화운동
X세대	1970~1980	성수대교 / 삼풍백화점 붕괴
밀레니얼세대	1981~1996	IMF / 2002 월드컵
Z세대	1997~2010	국제 금융위기 / 세월호 침몰 사고

오늘날 한국 사회에 다양한 세대 문화가 나타나고 세대 간의 갈등이 심화된 그 이유는 한국 사회의 잦은 변동성에 있다고 볼 수 있다. 한국 사회는 정치, 경제, 사회, 문화에 이르러 급격한 사회변화를 겪고 있다. 한국 사회의 한 세기는 격변의 시기였다. 1948년 건국 이후 현재에 이르기까지 70년이 채 안 되는 짧은 기간에 건국, 산업화 민주화에 성공한 나라로써 국제적으로 그 예를 찾아볼 수 없을 정도이다.

한국 사회는 사회변동의 속도가 매우 빠르며 변화의 폭이 크고 세대가 경험하는 사회적 경험이 서로 다르기에 세대 차이의 폭이 점점 커질 수밖에 없다. 이것은 한국 사회의 세대 간의 갈등으로 발전하게 되었다. 사회학자 카를 만하임은 세대 갈등이 사회변동과 밀접한 관련을 갖는 현상으로 보았다.[14] 필자는 이러한 세대 문화와 특징을 이해함으로서 세대 집단이 갖는 공통된 경험이 공동의 정서를 낳고, 더 나아가 세대 집단

12　고재연, "산업화세대→ 베이비부머→ X세대→ 밀레니얼세대→ Z세대 세대별 … 성장 배경과 소비 패턴·가치관이 모두 다르죠~"「한국경제」2018년 10월 15일.
13　386세대: 386세대의 경우 30대의 생애주기를 지나면서 80년대에 대학생활의 사회적 경험, 그리고 60년 대에 태어난 출생 동시 집단으로 본다. 이들은 사회 문화적으로 비슷한 경험을 공유하면서 386 세대 라고 하는 독특한 세대를 만들어 그들만의 가치관과 세계관, 그리고 정체감을 유지하고 있다.
14　박재홍, "세대연구의 이론적 · 방법론적 쟁점"「한국 인구학」제24권 제2호 (2001): 48.

을 대표하는 의식을 형성하게 되는 것을 보았다. 오늘날 세대 간의 갈등을 해결하고 각 세대 문화를 바르게 이해하기 위해서는 각 세대가 갖는 공동의 정서에 관심을 갖고 사회 문화적, 역사적 맥락을 함께 살펴보아야 한다.

카를 만하임은 어린 시절의 경험과 사회 문화의 독특한 경험은 인간이 가진 경험의 가장 밑에 위치하여 층을 쌓게 되는데 이것을 사회학의 용어로써 경험 성층화라고 한다.[15] 경험 성층화는 인간이 전 생애 과정에서 겪는 수많은 사건과 사고 그리고 사회적 이슈들은 누적된 사회 경험이며 이러한 경험들은 시간적 순서에 따라 누적되는 것이 아니라 누적된 경험들의 층 가운데 최하층 부에 위치한 소년기의 기층 경험이 그 이후의 경험에 대해 특정한 의미와 성격을 부여하는 프리즘의 역할을 한다고 보았다.

모든 경험은 기층 경험과의 관련을 통해 특정한 모습과 형태를 부여받으며 경험 간의 내적 변증법의 결과로 특정한 의식(Cosciousness)이 형성 된다.[16] 그리고 이 시기에 형성된 의식은 쉽게 변하지 않는다고 말한다. 그는 개인의 의식형성에 결정적인 영향을 미치는 것은 청소년 및 청년기의 10대에서 20대에 겪는 사회적 경험이 있기에 가능하다고 한다.

1960년대의 월남전 반대 운동과 미국 시민 운동의 주축이 20대였으며 한국도 4.19혁명 이후에 지난 40년 동안 민주화를 부르짖은 세대가 젊은 20대이다. 그래서 세월호 사건과 대통령 탄핵 사건을 겪은 2022년도의 20대와 한일 월드컵과 서해 교전을 겪은 2002년도의 20대를 보낸 40대는 서로 다른 가치관을 가진 사람들이라 할 수 있다. 동일한 20대의 연령을 지나면서 그들 각자가 지내 온 역사 및 사회적 문화적 맥락(Context)이 바뀜에 따라 서로 다른 의식구조와 행동 방식을 보이기 때문이다.

15　김도환, 정태연, 『청년기의 자기 탐색』(서울: 동인, 2002), 23.
16　박재홍, "세대연구의 이론적 · 방법론적 쟁점," 59.

3) MZ, 자기 초점적 세대

MZ세대가 오늘날 독특한 세대로 나타나게 되는 근본적인 이유는 오늘날 젊은 세대가 부모 세대와 달리 미디어 사용에 능숙하기 때문이다. 아넷은 성인 진입기(Emerging Adulthood)의 젊은이를 가리켜 영아기 이후 줄곧 디지털 세계 속에서 살아가는 사람이란 뜻으로 '디지털 네이티브'라고 부른다.[17] 오늘날 젊은이들의 미디어 사용은 인터넷 검색, 스마트폰 활용, 온라인 게임, 각종 영상 및 음악 재생으로 무엇보다 온라인에서 페이스북, 유튜브, 카톡, 틱톡, 인스타그램과 같은 SNS(소셜 네트워크 서비스) 사용의 빈도수가 점점 늘어가고 있다.

그러나 과다한 인터넷의 사용은 우울증과 저조한 학업 수행과도 밀접한 관계가 있는 것으로 나타났다. 과거 미디어의 사용은 학습 및 게임과 같은 목적으로 사용되었지만 스마트폰의 보급과 인터넷 망의 발달로 소통의 도구로서 사용되고 있다. 더욱이 페이스북이나 인스타 그램과 같은 SNS의 사용은 아주 흔한 모습으로 전 세계적으로 10억 명이 넘는 사람들이 사용하고 있다. 디지털미디어의 사용은 10대부터 20대에 이르는 청소년과 청년기의 정체감을 드러내는 도구로 사용되고 있다.

이러한 SNS는 성인 진입기 사람들에게는 자기 정체감을 드러내는 활동 무대가 되었으며 자신을 어떻게 표현할지 고민한다. 자기가 실제로 누구이며 어떠한 존재인지 결정하는 과정에서 자기를 다른 방식으로 표현하기도하며 자기 정체성을 새롭게 만들 수 있기에 정체감 놀이라고 한다.

제프리 아넷은 이러한 '성인 진입기'의 시기를 "자기 초점적 시기"로 보았다.[18] MZ세대는 미디어를 통해 자기 자신의 정체감을 확립하여 다른 이들과

17　Jeffrey Jensen Arnett, 『인간 발달: 문화적 접근』, 정영숙외 옮김 (서울: 시그마프레스, 2018), 56.
18　Jeffrey Jensen Arnett, 『인간 발달: 문화적 접근』, 324.

차별화된 모습을 부각하려 이 세상에 없던 새로운 '캐릭터'를 만들기도 한다. 또한 자신에게 필요한 기술을 획득하기도하며 지식을 쌓기도 한다.

그 결과 무엇을 입을지, 무엇을 먹을지에 대한 판단을 스스로 내리기도 하며, 직업과 결혼의 선택과 시기를 묻는 질문에도 더 이상 다른 사람의 강요에 이끌리지 않는 주체적인 결정을 내리는 시기를 맞이하게 되었다. 이러한 미디어 문명을 기반으로 하는 MZ세대는 이전과 다른 독특한 사회 문화를 창출하는 세대라 할 수 있다.

2. 불확실성의 시대, 불안한 세대

1) 정체감 형성의 중요성

필자가 MZ세대 문화를 연구하면서 가장 중요하게 생각하는 것은 자아 정체감의 형성이다. 세대 문화의 중심에는 사회 문화 및 역사적 경험에 의해 형성된 자아 정체감이 있다. 그 정체감은 10대 및 20대의 청년기에 형성되기에 청년 시절에 어떠한 정체감을 갖느냐에 따라 세대 문화의 형태와 특징은 다양하게 나타난다. 그래서 건강한 자아 정체성이 형성되는 청년기는 건강한 세대 문화가 꽃피우는 중요한 시기라 할 수 있다. 정체성에 관한 연구는 오늘날 지속적으로 발전되어 왔다. 인간 발달 과정을 연구하는 학자들에 의하면 자아 정체감의 형성은 인간 발달의 중요한 과제이다.

필자는 심리 및 사회 문화적으로 인간 발달을 연구하는 이론가들을 중심으로 정체성 형성에 관한 연구를 진행하고자 한다.

에릭슨(Erikson)은 청소년기(청년기)의 주요한 발달 과업으로 자아 정체감 확립을 제시하였다. 정체감의 형성이 이루어질 때 건강한 성인으로 성

장하게 되며 성인기의 주어진 문제들을 효율적으로 해결하게 된다.[19]

에릭슨에 따르면 정체감이란 우리 자신의 독특성에 대해 안정된 느낌을 갖는 것으로 행동과 사고, 감정의 변화에도 불구하고 나 자신에 대해 일관적인 태도를 갖는 것이다. 이를 위해서, 인간은 스스로 이에 대한 의문을 제기하며 여기에 답을 얻으려고 한다.

'나는 누구이고, 나는 무엇을 할 수 있는가?'

그러나 답을 구하지 못할 경우 정체감의 혼돈 상태로 남게 된다. 정체성을 획득하지 못한 사람들은 타인의 정체성에 의존하며 성인기에 이르러서는 친밀한 관계를 맺을 수 없고 고독감을 느끼게 되며 자기에 대한 확신이나 믿음을 갖고 있지 않기에 정체성의 위기를 겪으며 고립감에 빠지게 된다. 자아 정체감은 자기를 확립하고 자기 정의를 내릴 수 있으므로 정신 건강을 유지하는 데 중요한 요인이 되며 이에 반하여 정체감이 형성되지 않을 경우에는 위기감이 고조되고, 우울감을 심화시켜 긍정적 반응을 가로막는 결정적 요인이 될 수 있다.[20]

에릭슨을 연구하는 학자들의 견해에 따르면 청년기는 아동기와 성숙기의 교차가 이뤄지며 인간의 자아 정체성이 형성되는 중요한 시기이다. 청년기에 시작되는 정체감의 형성은 청년기에 많은 영향을 미치는 것을 연구 결과로 알 수 있다. 대학 졸업생 24세에서 27세의 연구에 따르면 정체감 형성 수준에 따라 친밀감 또는 고립감이 나타나게 된다.[21] 정체감을 형성한 학생의 경우에는 또래 관계에 있어 친밀한 관계를 맺는 경향이 있다. 타인과 진밀한 관계를 형성한다는 것은 잘 확립된 자아 정체성을 바탕으로 타인의 정체성을 부분적으

---

19 빅진희, 이상희, "대학생의 자아 정체감 지위와 자아 정체감 유형에 따른 심리사회적 성숙의 차이," 「상담학 연구」 제14권 제2호 (2013년): 1016.
20 박진희, 이상희, "대학생의 자아 정체감 지위와 자아 정체감 유형에 따른 심리사회적 성숙의 차이."
21 곽금주, 『흔들리는 20대』(서울: SNUPRESS, 2015), 21.

로 수용하여 타인과 공유하는 정체성을 확립하는 것을 의미한다.

그래서 정체감을 획득한 사람들은 자기 자신을 잃을 수도 있다는 두려움 없이 친밀한 관계를 형성한다. 하지만 주어진 인생의 문제와 고민을 해결하지 못할 때는 다음 단계의 발달 과정에 영향을 미치게 된다. 높은 자아 정체감은 사회적인 성숙과 정신 건강의 유지에 매우 중요한 요인이다.[22]

그래서 자아 정체감이 잘 발달 된 사람일수록 문제해결을 위해 노력하며 효율적인 방식으로 처리하려는 성숙한 모습을 보인다. 그러나 자아 정체감이 제대로 확립되지 않으면 사회적 적응이나 대응 관계 그리고 성 역할이나 직업에 임하는 태도 그리고 인지 및 도덕성 발달에 문제가 발생하고 정서불안과 같은 정신 병리 현상까지도 초래하게 된다.[23]

2) 정체감의 획득 과정

에릭슨의 발달 단계는 각 단계마다 나타나는 자아 발달의 양상을 대비적으로 제시하고 있으며 개인이 당면한 발달 과제의 수행 여부에 따라 인간의 발달과 성장은 긍정 또는 부정의 양극적 양상으로 나타난다고 보았다. 에릭슨의 자아 발달은 전 생애를 통해 계속되지만 가장 주목할 만한 시기는 제2의 인생이 준비되는 청년기이며 자아 정체감은 유아기에서부터 시작한 신뢰감, 자율성, 근면성을 획득함으로 내적인 성숙을 통해 드러난다.[24]

22　"대학생의 자아 정체감 지위와 자아 정체감 유형에 따른 심리사회적 성숙의 차이," 1016.
23　Ｉ"대학생의 자아 정체감 지위와 자아 정체감 유형에 따른 심리사회적 성숙의 차이," 1016..
24　김애순,『청년기 갈등과 자기이해』(서울: 시그마프레스, 2008), 50.

<표4.4> 에릭슨의 인간 발달 과정[25]

	1	2	3	4	5	6	7	8
Ⅷ 노년기 65세~								통합성 대 절망감
Ⅶ 중년기 40~65세							생산성 대 침체성	
Ⅵ 성인기 20~40세						친밀감 대 고립감		
Ⅴ 청년기 12~20세					정체감 대 정체감 혼미			
Ⅳ 학령기 6~12세				근면성 대 열등감				
Ⅲ 소년기 3~6세			주도성 대 죄책감					
Ⅱ 유년기 1~3세		자율성 대 수치감과 회의감						
Ⅰ 유아기 출생~1세	신뢰감 대 불신감							
단계	1	2	3	4	5	6	7	8

마샤(Marcia, 1976)는 에릭슨의 사회심리발달 이론 가운데 5단계에서 청년기 정체성의 획득 시기에 나타니는 정체감의 상태를 '위기'와 '관여'에 따른 정체감 지위(Identity Status) 이론으로 발전시켰다. '위기'는 정체감 발달에 나타나는 현상이며 자기 현재 상태와 역할에 의문을 품고 대안을 찾거나 가능성을 탐색하는 과정을 말한다. 그리고 '관여'는 몰입 또는 전념이라고 표현하기도하며 위기에 반응하는 개인적 차원의 노력 또는 헌신

---

25 김도환, 정태연, 『청년기의 자기 탐색』(서울: 동인, 2002), 35.

을 의미한다.[26] 즉, 자기 역할을 결정하고 나서 역할을 수행하는 노력을 말한다. 마샤는 정체감의 상태가 '위기'와 '관여'의 항목에 따라 네 가지 상태로 구분하였다.

첫째, 정체감의 혼미이다.

이들은 아직 정체성에 대해 생각해보지 않아서 삶의 방향을 계획할 수 없는 상태를 의미한다.[27] '난 무엇을 좋아하는지 잘 모르겠어', '무엇이 중요한지를 모르겠어'와 같이 위기와 관여가 모두 없는 상태이다.

둘째, 정체감의 상태는 정체감의 유실이다.

정체감의 유실은 정체감을 확립한 것처럼 보이나 자신이 정말 원하는 것인지 아닌지에 대한 판단 없이 잘못된 정체감을 확립한 경우를 말한다.[28] 자기 정체성에 대한 탐색 없이 관여를 하고 있는 상태이다. 예를 들면, '원래 운동을 잘하면 체대 가잖아, 그래서 체대에 왔어'처럼 이 단계에서는 사람들의 의지에 따라 선택하고 결정하며 권위에 쉽게 복종하거나 동조하는 특징이 나타난다.

셋째, 정체감의 유예상태이다.

정체감 유예의 청년들은 자기 삶에 대해 끊임없이 고민하며 질문하고 해결책을 찾으려고 하지만 아직 정체감을 확립하지 못한 상태를 의미한다.[29] 이 상태는 새로운 개인적, 직업적, 이념적 가능성을 적극적으로 찾으려는 상태이며, 여러 가지 가능성 중에 어떠한 것이 자신에게 최선인지를 결정하기 위해 새로운 가능성을 꼼꼼하게 살피게 된다. 예를 들면, 이런 질문을 하면서 고민을 하는 것처럼 말이다.

---

26 곽금주,『흔들리는 20대: 청년기 생애설계 심리학』(서울: SNUPRESS, 2015), 66.
27 곽금주,『흔들리는 20대: 청년기 생애설계 심리학』.
28 곽금주,『흔들리는 20대: 청년기 생애설계 심리학』.
29 곽금주,『흔들리는 20대: 청년기 생애설계 심리학』.

'내게 맞는 진로는 무엇일까?'

'교대에 진학하는 것도 좋은데, 과연 내 적성에 맞을까?'

인생의 다양한 탐색 과정 가운데 위기가 발생하였으나 관여가 일어나지 않거나 애매한 관여를 하고 있는 상태에서 정체감의 유예가 발생한다.

넷째, 정체감을 성취한 청년들이다.

이들은 적극적인 탐색 과정을 거쳐서 특별한 목표, 신념, 가치에 사적인 의미를 부여함으로 자신에게 적절한 정체성 요소에 적절하게 관여하고 있는 상태를 말한다.[30] 이들은 고민 끝에 원하던 진로를 찾는 경우이며, 자기가 선택한 결정에 대해 확신이 가득한 상태이다. 아넷은 정체감의 성취는 정체감 유예 시기 다음에 찾아온다고 하였다.[31]

이러한 마샤의 네 가지 정체감의 상태는 단계적 발달 과정을 거치지 않으며 '위기'와 '관여'에 따라 언제든지 정체감의 상태가 정체감의 유예에서 정체감의 성취로 바뀔 수 있다. 그래서 정체감을 성취한 사람도 정체감을 유실하거나 혼미를 경험할 수 있다.[32] 성인기 동안 개인의 정체감은 새로운 인생의 도전과 상황에 반응하여 다시 활성화되기 때문이다.

3) MZ, 가장 불안정한 세대

아넷은 성인 진입기(Emerging Adulthood)의 발달 과제로서 일과 사랑 그리고 가치관을 형성하는 것이 중요한 과제로 보았으며 '성인 진입기' 시기의 가장 큰 특징을 정체성의 탐색과정으로 보았다. 이 시기는 끊임없이 인생의 수많은 과제와 역할에 대해 선택과 결정을 내리는 시기이며, 동시

---

30 곽금주,『흔들리는 20대: 청년기 생애설계 심리학』.
31 Jeffrey Jensen Arnett,『인간 발달: 문화적 접근』, 345.
32 정옥분,『청년 발달의 이해』(서울: 학지사, 2015), 197-198.

에 자신에게 있는 다양한 가능성을 탐색하는 시기이다. 내가 누구이며, 나의 가능성과 한계에 대해 직접 부딪히는 시기가 성인 진입기의 시기이다.

그래서 아넷은 이 시기를 가리켜 정체성의 유예기간이 길어지는 "불안정한 시기"라 말한다.[33] 특히, 아넷은 성인 진입기에 정체성을 형성하는 중요한 세 가지 과제가 있다고 말한다. 정체성 획득을 위한 중요한 과제는 다음과 같다.

첫째, 진로의 탐색이다.

성인 진입기의 직업 탐색은 청소년기보다 더 구체적이며 정체성에 초점이 맞추어져 있다.[34] 진로에 대한 지식이나 태도는 어린 시절부터 발달하기 시작하여 여러 발달 단계를 거쳐 청년기에 성숙해진다. 성인 진입기는 자기 욕구나 흥미, 능력이나 가치를 확인하여 이를 토대로 자신에게 알맞은 직업을 탐색하거나 전문 분야에 대한 지식과 기술을 준비하는 시기이다.[35]

진로를 결정함에 있어 자기를 이해하고 자기의 특성을 파악하는 것을 진로 정체감이라고 한다.[36] 진로 정체감이란 구체적으로 직업에 대한 자기 목표를 세우는 것이며 자기 능력이나 특성에 대해 안정된 심상을 갖추어 가는 것을 말한다. 건강한 진로 정체감이 형성된 대학생들은 자기 진로 결정에 있어 합리적인 의사결정을 내리게 되며 모호한 환경적 상황에 직면하더라도 최선의 결정을 내릴 수 있게 된다.

그러나 진로 정체감이 형성이 지연될 경우 스스로 합리적인 진로 결정 능력이 부족하다고 느끼게 되고, 진로를 결정하는데 자신감이 부족한 모습을 보이게 된다. 성인 진입기에 불안정한 진로 의식은 방황과 갈등이

33　Jeffrey Jensen Arnett, 『인간 발달: 문화적 접근』, 324.
34　곽금주, 『흔들리는 20대: 청년기 생애설계 심리학』, 32.
35　곽금주, 『흔들리는 20대: 청년기 생애설계 심리학』, 253-255.
36　곽금주, 『흔들리는 20대: 청년기 생애설계 심리학』, 254.

지속될 수 있다.[37] 한국의 경우 청소년기에 과도한 입시 경쟁으로 인해 정체성의 형성 기간이 점점 길어지고 있다.

둘째, 사랑의 탐색이다.

성인 진입기의 중요한 과제는 사랑의 탐색이다. 사랑의 탐색은 이전 청소년기보다 더 깊은 수준의 친밀성과 장기적 관계를 지향하며, 청소년기를 지나 성인 진입기에는 이상형에 대한 꿈을 꾸기 시작하며 성인 진입기에 이성 교제를 경험하면서 결혼에 관한 구체적인 조건들이 형성된다.[38]

현대 사회에서 배우자를 스스로 찾아보는 것은 오늘날 당연한 것이 되었고 배우자를 선택하는 기준에 있어 많은 변화가 일어나고 있다. 사랑의 탐색에 있어 가장 눈여겨볼 학계의 연구는 우드리(Udry)의 여과망 이론이다. 이것은 데이트에서 시작하여 결혼에 이르기까지 여섯 개의 여과망을 통과해야 한다는 이론이다. 수많은 배우자 가운데 최종적인 한 사람을 택하는 과정을 살펴보면 가장 먼저 '근접성'의 필터를 통과해야 한다. 근접성은 자신과 같은 지역에 거주하는 사람과 만날 확률이 높다는 것이다.

성인 진입기 시절, 입대로 인하여 멀리 떨어져 있는 커플들이 통과하기 어려운 과정이다. 배우자를 선택할 때 사람들은 시간적으로 그리고 공간적으로 가까운 사람을 선택하며 반대로 멀리 있는 사람과는 친밀한 관계를 형성하는 데 어려움을 겪는다.

그리고 다음 필터는 '매력'이라는 여과망이다. 신체적 매력이나 연령이 고려되며 자신과 비슷하며 자신과 같은 흥미를 가진 사람을 선호한다. 그 다음 필터는 '사회적 배경'으로서 여과망이다. 사람은 같은 종교를 가진 사람 그리고 교육 수준과 사회 경제적 지위 등에서 비슷한 수준의 사람을 탐색하게 된다. 사회적 배경이 비슷하지 않으면 여과망에 걸러지게 된다.

---

37 곽금주, 『흔들리는 20대: 청년기 생애설계 심리학』, 32.
38 곽금주, 『흔들리는 20대: 청년기 생애설계 심리학』, 155.

그다음 필터는 '의견의 일치'로서 동일한 인생관이나 가치관을 가진 사람에게 우호적인 태도를 갖게 된다. 청년기에 중요한 경제관, 인생관, 가치관을 공유한다면 여과망을 통과하게 된다. 그다음 필터는 '상호보완성'이다. 이것은 자신이 가지지 못한 특성을 상대방이 가지고 있을 때 결혼할 가능성이 좀 더 높다는 것으로 결혼에 앞서서 이러한 차이점은 공통점 못지않게 중요하게 작용한다. 나의 단점이나 약점을 다른 사람이 보완해 줄 수 있을 때 사랑의 여과망을 통과하게 된다.

마지막으로 통과하는 필터는 '결혼 준비상태'이다. 최종적인 관문으로서 결혼에 관련된 모든 준비를 다 갖추어야 최종 필터를 통과하게 된다. 모든 필터를 다 통과했을지라도 현실적으로 결혼의 준비가 되어있어야 비로서 사랑의 탐색은 마침표를 찍게 된다.

셋째, 가치관의 탐색이다.

성인 진입기는 가치관의 탐색이 이뤄지는 시기이다. 대부분의 문화에서 젊은이들은 성인들이 믿도록 가르침 받은 것을 의문 없이 받아들이도록 요구받았다. 그러나 현대 사회에서는 사람들이 자신을 생각하고 자기 신념을 결정하며 자기 삶을 독립적으로 선택하는 것이 바람직하다고 여기고 있다.[39] 개인이 갖는 종교적 가치관은 정체감을 형성하는 중요한 요인이다. 청년기의 인지적 변화와 다양하고 광범위한 견해에 대한 노출은 개인적 관점에서 종교를 생각하도록 자극한다.[40] 파울러의 종교적 신념 발달 단계에 따르면 청년기에는 관습이나 인습에서 벗어나 종교적 신념을 형성하는 시기로 보았다.[41]

한국 청년의 67.75퍼센트가 종교를 중요하다고 인식하고 있다는 결과에 따라 성인 진입기는 종교적 정체감을 형성하는 데 매우 중요한 시기임

---

39 Jeffrey Jensen Arnett, 『인간 발달: 문화적 접근』, 347.
40 장휘숙, 『청년심리학』(서울: 학지사, 2000), 258-259.
41 장휘숙, 『청년심리학』, 261-262.

을 보여 준다. 또한, 개인의 정치적 가치관에 대한 탐색과 그것의 형성은 정체감 획득의 지표이다. 정치나 이념에 대한 추론은 청년기 발달 과정의 일부분이다. 일반적으로 10세부터 17세, 18세 사이에 정치적, 사회적 태도의 근간이 된다. 청년기의 극단적인 이념의 형성은 다양한 정보의 유입을 방해함으로 바람직하지 못하다.

성인 진입기의 청년들은 정치적, 사회적 및 일상생활의 경험을 해야 하기에 새롭고 유익하며 모순된 각종 정보에 자유롭게 접촉하고 사고할 수 있어야 한다. 지나친 이념의 몰두는 개인을 변화에 무감각하게 만들고 기존의 부합되지 않은 유용한 정보들을 차단함으로 청년들의 사고나 가치관의 발달을 방해한다.

정체성의 발달을 연구한 전통적 이론가인 에릭슨에 따르면 청소년 또는 청년기를 정체감을 획득하는 시기로 지정하였다. 그러나 현대 사회 문화 속에서 인간의 발달 단계를 문화적으로 접근하는 아넷(Arnett)의 연구에 따르면 정체감의 성취에 이르는 데 오늘날 많은 시간이 걸린다고 밝혔다. 정체감의 유예가 길어지고 있는 것은 스스로 자유로운 역할을 실험하고 다양한 가능성을 가지고 탐색하고 있기 때문이다.

성인 진입기의 시기는 사랑, 일, 이념에 관한 정체성을 탐색하는 많은 시간이 필요한 시기로서 MZ세대의 정체감 성취는 점점 늦어지고 있다.[42]

---

42 Jeffrey Jensen Arnett, 『인간 발달: 문화적 접근』, 344-346.

3. 복잡성의 시대, 다양한 세대

1) 인생의 구조(life Structure) 이해

레빈슨(Levinson)은 개인의 출생에서부터 죽음에 이르는 일생의 과정에는 연속적이며 단계적으로 나타나는 계절(Era)의 개념으로 인생의 생애주기를 구조화했다. 자연 속에 봄과 여름, 가을과 겨울이 있는 것처럼 레빈슨은 인생에도 계절이 있다고 보았다. 그는 인간의 전 생애를 4단계로 구분하여 성인 이전, 성인 초기, 성인 중기, 성인 후기로 네 개의 뚜렷한 계절이 존재한다고 보았다. 네 개의 계절에는 세 개의 중요한 전환기를 중심으로 이뤄진다.

그리고 각 계절은 시기별로 20년 정도 지속된다. 레빈슨은 인생 구조의 개념을 사용하여 개인이 가진 특징이 아닌, 사회와 문화와 밀접하게 맺고 있는 관계에 집중하고 있다.[43]

전환기는 과거와 미래를 이어주는 역할을 하고 동시에 혼돈과 갈등이 일어나기도 한다. 또한 레빈슨은 인생의 구조가 성인기를 통해 진화해 나아가는 것으로 보았으며 이러한 인생 구조 속에 안정기와 전환기가 반복되어 나타난다. 6-7년간의 안정기는 인생의 구조를 확립하며 안정된 생활을 누리게 하고, 이어서 반복되는 전환기는 인생 구조를 변화하고 수정하여 다음에 찾아오는 인생의 단계를 준비할 수 있게 한다.

전환기는 지난날의 삶을 되돌아보며 인생의 계획을 수정하고 점검하는 시기를 가지면서 현재의 삶에 의문을 던져보기도하며 자아와 세계 안에서 새로운 변화를 모색하는 시기이다.[44] 한 계절에서 다음 계절로 넘어갈

---

43 김도환, 정태연, 『청년기의 자기탐색』, 80.
44 김애순, 『청년기 갈등과 자기 이해』 (서울: 시그마프레스, 2008), 6.

때 환절기가 있는 것처럼 인생에도 전환기가 있다. 이 전환기마다 독특한 과제가 부여되며 이 시간 동안 다양한 가능성과 대안을 찾으며 견고한 안정기를 준비해 나아갈 수 있다. 레빈슨의 계절론의 인생 구조는 다음과 같은 변수에 의해 구성되어 있다.

<표4.5> 인생 주기의 시대와 전환기[45]

65세	
60세	성인 후기
55세	성인 후기 전환기
50세	중년의 절정기
50세	50대 전환기
45세	중년 입문기
40세	중년의 전환기
33세	성인 초기 절정기
28세	30대 전환기
28세	성인 입문기
22세	성인 초기 전환기
17세	아동청소년기 / 성인 이전기

첫째, 개인과 사회 문화의 관계이다.

개인의 성장과 발달은 출신 지역과 부모의 직업, 경력 수준, 가족의 소비 수준과 같은 사회 문화적 요인이 중요하게 작용한다.

둘째, 개인의 발달 과정의 맥락이다.

인간의 발달 과정 속에서 드러나는 자아의 부분적 요소들은 개인이 처한 발달 과정의 맥락 속에서 부각되고, 숨겨지기도하며, 그 자이의 모습들은 계속 바뀌어 간다.

45　Daniel J.Levinson, *The Season of a Man's Life* (New york: ballantine, 1978), 40.

셋째, 개인에게 주어진 역할이다.

사회 문화 속에서 참여하고 있는 활동이나 주어진 역할에 책임에 따라 인생의 모습들이 결정된다. 성인기에 경험하는 학생운동단체, 종교단체, 동아리, 개인적 친분 쌓기 또는 연애와 우정 관계와 같은 다양한 참여와 관심이 인생의 계절을 만들어 간다.[46]

이처럼 인생의 구조는 다양한 구성 요소들로 이루어져 있다. 직업, 결혼, 가족관계, 우정, 여가, 종교로 이루어져 있다. 이러한 구성 요소는 인생의 한 시기에서 다음 시기로 넘어갈 때 삶 속에서 그 위치와 중요성이 바뀌게 된다. 과거, 어린 시절에는 학업과 놀이가 삶의 중심부였다면 청년기를 지나 성인 초기에 들어가면 인생의 가장 핵심적인 요소가 일(직업)과 결혼(사랑)으로서 많은 변화와 불안정성을 경험하게 된다.

이러한 레빈슨의 생애주기를 보면서, 인간의 인생이란, 다양한 삶의 과제를 수행하고, 역할과 책임을 다하는 여정속에서 자아의 발전과 성장이 이루어지는 것을 알 수 있다.

2) 인생의 탐구 과제와 역할

성인 초기는 만 22세에서 40세에 이르는 기간이며 성인 초기 전환기를 지나 성인 입문기, 30대 전환기, 성인 초기 절정기로 구성된다. 성인 초기의 발달 과제는 성인 이전의 자아에서 벗어나 성인 세계로 안전하게 진입하는 것이다. 레빈슨은 성인 이전에서 성인 초기로 넘어가는 과정과, 성인 초기의 필요한 과제들을 다음과 같이 설명한다.

---

46 김도환, 정태연, 『청년기의 자기탐색』, 82.

(1) 성인 이전기 (1~17세)

성인 이전기는 아동기, 청소년기 그리고 성인 초기 전환기를 포함하고 있다. 가족은 성인이 되기 전까지 사회 생활을 위해, 성장을 지원한다. 이 시기의 특징은 매우 의존적이고 취약하며 성장이 주축을 이루고 있는 시기이다. 부모와의 관계에서는 의존과 보호에서 벗어나 동등한 성인으로서 관계를 수립하기 위한 가능성을 탐색하고 학교 안에서의 자아를 마무리하고 직업 세계에서의 자아 형성을 위한 탐색을 시작하는 등 성인 정체감을 형성하기 위한 선택과 결정을 하게 된다.[47]

(2) 성인 초기 전환기(17~22세)

레빈슨은 성인 초기 전환기가 성인 이전에서 성인 초기로 넘어가는 교량의 역할을 한다고 보았다. 성인 초기 전환기는 '성인 이전기'라 부르는 아동·청소년기에서 성인 초기로 넘어가는 17세에서 22세에 해당하는데 청소년기와 성인 초기를 연결하며 양쪽의 일부이기도하다. 또한 신체적 활력과 정신적 특성이 최고 수준으로 발달하는 시기이다. 또한 개인적 만족감을 추구하기 위해 고군분투하며 성인 사회에서 자기 위치를 확립하기 위해 노력하며 심리적 갈등과 긴장이 최고 수준에 달하는 시기이다.[48]

이 시기에는 처음으로 인생에서 중요한 선택을 하고 잠정적인 성인 인생 구조를 형성해서 성인 세계의 가능성을 탐색하는 것이다. 이 시기 청년들은 성인 초기로서의 입문을 준비한다. 고등학교를 졸업하거나 대학교에 입학을 하고 때로는 정들었던 고향이나 부모 곁을 떠나기도 한다. 즉, 성인 초기 전환기는 새로운 세계 속에서 자신을 새롭게 형성해 나가는 시점이다. 레빈슨은 성인 초기 전환기를 통해 성인 초기를 살아갈 수 있는 인생 구조 설계를

---

47 곽금주,『흔들리는 20대: 청년기 생애설계 심리학』, 22.
48 곽금주,『흔들리는 20대: 청년기 생애설계 심리학』, 22.

준비하는 것이라고 했다.[49]

(3) 성인 입문기 (22~28세)

성인 입문기는 성인 세계로 완전히 들어갈 때이다. 이것은 성인으로서 직업, 관계, 삶의 양식. 그리고 가치관에 대해 최초의 선택을 하는 시기이다. 이 시기의 독특한 특성은 두 가지이다.

첫째, 자기 사고나 지식, 경험과 관심의 범위를 탐색하고 확장하며 분명한 선택을 하기까지 확고한 개입을 연기하는 것이다.
둘째, 최초의 인생 구조를 창조하고 뿌리를 내리며 안정감과 연속성을 갖는 것이다. 이 과정은 20대와 함께 끝나게 된다.

(4) 30대 전환기 (28~33세)

30대 전환기는 모호한 불안감 또는 뭔가 잘못된 듯한 느낌 그리고 변화가 필요함을 직감하는 시기이다. 성인 입문기에 잠정적으로 형성했던 삶의 구조에서 흠과 결함을 발견하고 이를 수정하기 위한 움직임이 시작되는 단계이다. 직업이나 결혼 생활을 되짚어 점검하며 그것이 옳은 것인지 파악을 한다. 만약 그 선택이 잘못되었을 경우 새로운 전환이 일어날 수 있다.

(5) 성인 초기 절정기 (33~40세)

30대 전환기의 혼란을 거쳐 삶의 목표나 선택을 재정비한 새로운 인생 구조 안에서 경제적 안정과 직업의 성취를 위해 질주하는 시기이다. 남성들은 가정과 직장에 더 깊숙이 개입하며 안정과 발전 사이의 균형을 이루려 한다. 이 시기 말, 남성들은 내면에서 자아를 찾으려는 강한 욕구가 솟아오르며. 자

49　김애순,『청년기 갈등과 자기이해』, 6.

기 자신이 되는 단계를 밟아간다. 즉, 자기 자신의 목소리로 자기주장을 하고 싶은 욕구가 일어나는 것이다.

레빈슨은 현대 사회에서 여성의 지위가 높아짐에 따라 30대 여성들의 활발한 사회진출에 주목한다. 30대 여성들은 가정에서 아내와 어머니로서의 노력을 다하고 직장에 서는 자기 성취와 자질을 인정받고 싶어 한다. 이러한 욕구가 뒤늦게 독립과 인정, 자아를 추구하려는 몸부림으로 나타나며 이때 여성들은 어느 누구의 부속물이 아닌 한 인간으로서 대우를 받으며 성숙한 여인으로 발돋움하게 된다.

3) MZ, 가장 유능한 세대

레빈슨의 인생의 계절론은 인생의 생애주기에 따라 인생의 구조마다 주어진 책임과 역할을 강조하였다. 더 나아가 발달 심리학자 로버트 허비거스트(Robert Havighurst, 1952)는 <표 7>에서 청년 및 성인 초기에 환경에 적응하기 위한 발달 과업의 요구로서 다양한 기술과 능력을 제시하였으며 청년기의 발달 과업으로서 정서 및 사회적 발달을 중요시하였다. 동시에 책임감 있는 성숙한 공동체 의식을 통해 건강한 세대 문화를 이루어 갈 수 있는 가능성을 보여 주었다.

<표 4.6> 로버트 허비거스트(Robert Havighurst)의 청년기와 성인 초기의 발달 과업 [50]

청년기	성인 초기
① 자기의 체격을 인정하고 자기 성 역할을 수용한다.	① 배우자를 선택한다.
② 동성이나 이성이 친구와 새로운 관계를 형성한다.	② 배우자와 함께 생활하는 방법을 학습한다.

---

50   장휘숙, 『청년심리학』, 301-302.

청년기	성인 초기
③ 부모와 다른 성인들로부터 정서적으로 독립한다.	③ 가정을 꾸민다.
④ 경제적 독립의 필요성을 느낀다.	④ 자녀를 양육한다.
⑤ 직업을 선택하고 준비한다.	⑤ 가정을 관리한다.
⑥ 유능한 시민으로서 갖추어야 할 지적 기능과 개념을 획득한다.	⑥ 직업 생활을 시작한다.
⑦ 사회적으로 책임 있는 행동을 원하고 이를 실천한다.	⑦ 시민의 의무를 완수한다.
⑧ 결혼과 가정 생활을 준비한다.	⑧ 마음이 맞는 사람과 사회적 집단을 형성한다.
⑨ 적절한 과학적 세계관에 맞추어 가치 체계를 형성한다.	

그러나 이러한 레빈슨의 계절론을 오늘날 적용하기에는 다소 무리가 있다. 왜냐하면, 오늘날 현대 사회는 이전보다 복잡한 시대로서 이전에 주어진 과제보다 더 많은 역할과 임무를 수행하기 때문이다. 아넷은 오늘날 '성인 진입기'에 해당하는 MZ세대에게 다양한 역할과 과제가 부여되는 상황을 다음과 같이 설명한다.

첫째, 기술 혁명이다.[51]

지난 50년 동안 미국을 비롯한 선진국들은 제조업 기술의 발전을 이루었다. 여기서 멈추지 않고 정보와 테크놀로지(Technology)가 필요한 서비스 경제가 각광을 받고 있다. 기술의 발달은 다양한 직업 탐색을 가능하게 했다. 오늘날의 대부분 새로운 직업이나 확실하게 좋은 직업에는 최소한의 기초 수리 지식과 정보 기술을 필요하기에 앞으로도 3차 교육의 중

---

51 Jeffrey Jensen Arnett, 『인간 발달: 문화적 접근』, 322.

요성은 더 높아질 것으로 보인다. 이러한 기술의 혁명은 오늘날 MZ세대가 다양한 역할과 과제를 수행하는데 많은 영향을 주고 있다.

둘째, 성 혁명이다.[52]

피임약의 발달로 인하여 안정적 성관계를 갖기 위한 결혼의 필요성은 약해졌으며 전통적인 성에 대한 인식이 점차 개방적으로 바뀌게 되어 혼전 성관계가 청년 문화 속에 널리 확산되고 있으며 결혼에 대한 부담감도 적은 편이다. 여성의 인권 신장과 사회 참여를 가능하게 했다.

50년 전까지만 해도 여성들은 사회적 여성의 의무와 책임을 감당하기 위해 아이를 양육하거나 가정을 이루기 위해 남편을 찾아야 하는 엄청난 사회적 압박을 받았다. 대학을 가는 것과 취업을 원하는 것도 종종 미래의 남편을 만나기 위해서였다.

과거에는 여성들이 선택할 수 있는 직업의 제한이 많았지만 이제 여성의 역할은 가정에 국한되지 않는다. 여성의 사회 진출이 많아짐에 따라 전통적인 결혼관은 산업화에 따라서 실용적으로 변하게 되었으며 결혼은 필수적인 것이 아니라 선택의 하나로써 여겨지게 되면서 여성은 더 많은 역할과 과제를 수행하게 되었다.

또한, 여성은 교육 과정에서 남성을 능가하는 실력을 나타내고 있으며 여성에게 직업의 제한은 사라진 상태이며 오늘날 남성과 똑같이 법, 경영, 의학 분야에서 인정을 받고 있다. 이전보다 많은 선택지가 주어지고, 결혼에 대한 부담감이 사라지면서 여성에 대한 인식은 완전히 뒤바뀌게 되었다. 2005년 서울대학교 '청년기 생애 설계 심리학' 강의의 설문 조사 결과 여자의 경우 결혼을 선택사항이라고 여기는 응답이 51.5퍼센트로서 결혼이 필수라고 응답한 29.9퍼센트보다 두 배 가까이 높게 나타났다.[53]

52　Jeffrey Jensen Arnett, 『인간 발달: 문화적 접근』.
53　곽금주, 『흔들리는 20대: 청년기 생애설계 심리학』, 159.

셋째, 청년 운동이다.[54]

과거 50년 전에는 제2차 세계대전과 경제 대공황을 겪으며 안정적 삶을 추구하는 것이 인생의 목표였다. 이와 달리 오늘날 젊은이들은 결혼 및 자녀를 낳아 가정을 이루는 것을 성인기의 당연한 의무로 보기보다는 피하고 싶은 위험으로 본다. 이것이 전적으로 아이를 낳거나 가정을 이루는 것을 거부하는 것은 아니다. 단지 10대 후반에서 20대 초반에 이르러 사회적으로 주어진 기존의 의무에 대해 '아직은 아니야'라는 의식을 갖고 있는 것이다. 이들에게 결혼이나 가정을 이루는 것은 독립성의 끝으로 여기고 있으며 무한 가능성의 끝이라는 문을 닫는 의미가 되고 있다.

넷째, 교육의 혁명이다.

'성인 진입기'의 청년들은 고등 교육을 의미하는 3차 교육을 받고 있다. 과거에는 대학에 가는 성별이 남성이 여성보다 우세했다. 오랜 시간 여성은 남성보다 지적으로 열등한 것으로 간주되어 교육을 받지 못했기 때문이다. 그러나 3차 교육은 이제 보통의 경험이 되었고 대부분의 나라에서 여성이 남성보다 3차 교육을 더 많이 받고 있는 현실이 되었다.[55]

대학 교육을 받는 이들은 언어 및 소통 능력, 비판적 사고와 같은 학문적 영역에서 많은 이점을 보이고 있고, 학문적 관점 이외에 대학 생활 동안 심미적 가치와 지적 가치를 보다 명료하게 발전시키기도 한다. 이들은 보다 명확한 정체감을 획득하기도하며 사회적으로 보다 자신감을 갖게 된다.

MZ세대는 대학에서 석사과정 그리고 박사과정에 이르기까지 교육을 멈추지 않는다. MZ세대는 대학을 졸업하기까지 취업을 위해서 다양한 진로를 탐색하며 새로운 전공을 추가하기도 한다. 인턴십이나 해외 연수 및 어학연수의 기회를 활용하면 대학을 졸업하기까지 많은 시간이 소요된다.

---

54 Jeffrey Jensen Arnett, 『인간 발달: 문화적 접근』, 323.
55 Jeffrey Jensen Arnett, 『인간 발달: 문화적 접근』, 337.

이처럼 오늘날 MZ세대는 대학을 통해서 더 좋은 직장을 구했던 이전의 기성세대의 모습과 달리 자신의 지적성장과 자기계발을 위해 배움을 중요시 한다.

기술의 혁명과, 성 역할의 혁명 그리고 청년의 운동과 교육의 혁명은 오늘날 MZ세대가 더 많은 역할과 과제가 가능한 유능한 세대임을 증명한다. 실제로 사회현장에서 MZ세대는 일명 'N잡러'[56]라고 불리우며 전천후로 활동하고 있다. 이러한 세대를 가리켜 아넷은 '성인 진입기'를 가능성의 시기라고 말한다. 성인 진입기는 여러 가지 역할 수행이 가능하며 다양한 과제를 해결함으로서 큰 희망을 품고 있는 시기라 할 수 있다.

4. 모호성의 시대, 애매한 세대

1) 생애 발달 단계의 변화

청년기는 아동기와 성인기의 중간 단계로서 전적으로 부모에게 의존했던 아동이 독립된 성인으로서 성장하기 위한 준비기이며 인생의 수많은 사회적 경험을 통해 많은 갈등과 위기를 겪는 과도기이다. 라틴어로 청년기를 뜻하는 '*Adolescene*'이 단어는 '성장하다'의 의미를 지니고 있어 급격하게 성장하고 변화하는 시기라는 뜻을 가지고 있다. 이 독특한 특징을

---

56 N잡러: 2개 이상의 복수를 뜻하는 'N', 직업을 뜻하는 'job', 사람이라는 뜻의 '러(-er)'가 합쳐신 신조어로, 4차 산업 혁명과 주 52시간 근무제 등 근로 환경이 시대에 따라 변하면서 생긴 개념이다. 이들은 생계유지를 위한 본업 외에도 개인이 지닌 재능을 발휘하여 경제적 소득뿐만 아니라 자아실현으로까지 연결한다. 특히, '평생직장'이라는 개념이 없어진 MZ세대는 취업을 했더라도 자신이 가지고 있는 목표를 성취하기 위해 부업이나 취미 활동을 즐기면서 퇴근 후 시간이나 주말을 보낸다[네이버 지식백과].

가진 인생을 청년기로 인정하게 된 것은 20세기 초 홀(G. Hall)이 청소년기(Adolescence)라는 용어를 사용하면서부터 시작되었다.

그리고 청소년기의 후반부로 불리는 20대에부터 관심이 쏠리기 시작한 것은 시대적 배경 때문이다. 이러한 20대가 사회변화의 동인이 되면서 사람들의 관심을 받게 되었고 심리학자들은 이 시기를 가리켜 청소년기의 연장인 청소년 후기(Late Adolescence), 또는 청년기(Youth)라고 부르기 시작했다.[57]

제프리 아넷(Jeffrey Arnett)의 문화-발달적 접근에 따라 인간 발달을 연구하는 이유는 다음과 같다.

첫째, 평균 수명의 연장으로 인하여 '성인기'가 확대되고 있다.

2020년 한국 통계청 보고에 따르면, 2020년 출산아를 기준으로 한국인의 기대 수명은 83.5년으로 매년 증가 추세에 있다.[58] 그뿐만 아니라 2021년 65세 이상 고령 인구는 857만 명으로 전년도보다 약 42만 명 증가했으며 전체 인구의 16.6퍼센트를 차지하고 있다. 향후, 2025년도 고령 인구 비중은 20.6퍼센트가 예상되며 고령 인구 비중이 20퍼센트 이상인 초고령 사회에 진입할 것으로 전망된다.[59] 현대의학 및 과학기술의 발달로 수명이 늘어나게 되어 오늘날 100세 시대는 꿈이 아닌 현실이 되었다. 이로 인하여 고령인구는 이전보다 더 많은 복지와 새로운 문화를 경험할 기회가 늘어날 것을 예상할 수 있다.

둘째, 결혼과 출산이 늦어지면서 20대의 삶의 형태가 급변하고 있다. 2021년 혼인 건수는 19만 3천 건으로 전년보다 9.3퍼센트 감소하였다. 또한, 2021년 평균 초혼 연령은 남자 33.4세, 여자 31.1세로 10년 전 대비

---

57 김애순, 『청년기 갈등과 자기이해』(서울: 시그마프레스, 2005), 5.
58 한국 통계청 사회 통제국 사회통계 기획과에서 2022년 3월에 보도한 자료를 참고하였다.
59 한국 통계청, 『2021 한국의 사회지표』, 2022년 3월.

1.5세 높아졌다.[60] 결혼 및 출산이 늦어짐에 따라 1인 가구는 점점 많아지고 있으며 이에 따라 자기 계발 및 자기 발전을 위해 사용하는 시간이 늘어남에 따라 개인 중심주의 문화가 자리 잡게 되었다.

셋째, 고학력화 현상과 함께 사회진출을 위한 준비 기간이 연장되고 있다. 20세에서 29세에 이르는 청년 고용률은 매년 하락세를 면치 못하며 60퍼센트를 회복하지 못하고 있다. 반대로 15세에서 64세 이르는 고 연령층에서는 반대로 50대와 60대의 고용률이 매년 치솟고 있다. 이것은 20대의 사회진출이 결코 쉽지 않다는 것을 보여 주며, 고용률이 회복중이라는 매스컴의 발표는 청년들의 마음속에 크게 와 닿지 않고 있는 실정이다.

이제는 현대 사회와 문화안에서 성인기의 새로운 이해와 접근이 필요하다. 전통적인 생애 주기 이론을 오늘의 상황에 적용하기에는 모호한 측면이 있기에 아넷의 성인 진입기 이론은 MZ세대를 이해하는 데 있어 매우 중요하다.

2) 중간에 낀, 성인 진입기

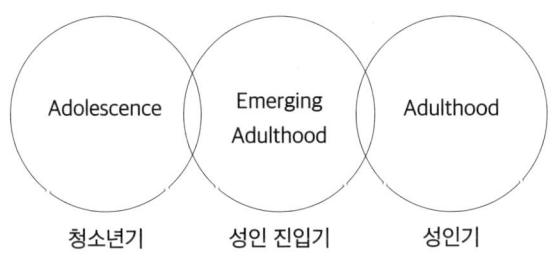

전통적인 생애주기론자에 의한 인간 발달 과정을 살펴보면 청소년기 다음에 오는 것은 성인 초기 또는 초기 성인기였다. 그러나 성인 진입기

---

60 한국 통계청, 『2021 한국의 사회지표』.

는 더 이상 소년도 아니며, 온전한 성인도 아닌 끼어있는 성인기로 분류된다. 많은 MZ세대들은 성인이 되었거나 어른이 되었느냐고 묻는 물음에 "예"도 아니고 "아니요"도 아닌, 모호한 대답을 하게 된다.[61] 성인 초기의 20대 초반까지는 대부분의 사람들이 성인기의 삶에 필요한 기반을 닦는 시간이었다. 성인 초기에 주어지는 역할로서 결혼 및 부모가 되고, 안정된 직업을 갖음으로서 성인의 의무를 다하는 것이다.

그러나 점점 사회 문화의 발달과 개발도상국 및 선진국에서는 전통적 인간의 전 생애 주기가 현실과 더 이상 맞지 않았다. 이제 20대는 과거처럼 안정된 직업으로 가는 시기가 아닌, 대부분의 사람에게는 교육을 마치고 결혼 이전 직업의 전환을 맞이해야 하는 매우 불안정한 시기가 되었다. 이제는 20대 초기가 아니라 20대 후반, 또는 30대 초반이 되어야 안정된 직업을 갖으며, 그 후 결혼을 하고 부모가 된다.

이러한 성인 진입기는 오늘날 전 세계적으로 나타나는 현상 가운데 하나이다. 먼저 유럽에서는 성인 진입기가 길고 느긋한 편이다. 통계에 따르면 유럽의 국가에서 결혼하고 부모가 되는 연령의 중앙값은 30세이다. 평등한 사회를 이룬 유럽의 경우 이미 500년 전부터 개인주의의 긴 역사를 갖고 있기에 자기 발전과 여가에 초점을 둔 오늘날 성인 진입기는 이러한 개인주의적 유산을 반영하고 있다.

이와 반대로 아시아 국가는 개인주의보다는 집단주의와 가족의 의무를 강조하는 역사를 띠고 있다. 개인주의의 변화가 일어남에도 불구하고 유럽에 비해 여전히 아시아의 문화 속에는 집단주의 및 공동체 의식에 대한 정서가 남아있다. 그래서 정체감 형성 및 자아실현을 하면서도 부모에 대한 의무감과 영향력 안에서 좁은 범위 안에서 제한적인 정체감을 추구하고 있다.

---

61 Jeffrey Jensen Arnett, 『인간 발달: 문화적 접근』, 324.

단적인 예로 서양의 경우 성인이 되기 위한 가장 중요한 준거로서, 경제적 독립을 추구하고 있지만 반대로 아시아 문화권에서는 성인이 되기 위한 준거로서 부모를 경제적으로 지원할 수 있는 능력을 강조한다. 한국과 같은 아시아 문화권에서는 무엇을 공부하고 무슨 일을 선택하고 누구와 결혼하는 문제에 이르기까지 부모의 영향을 쉽게 벗어날 수 없으며 이러한 가족에 대한 의무감은 성인 진입기 시기의 자아 정체감을 추구를 축소시킬 수 있다. 아넷은 경제의 세계화가 진행되면서 앞으로 성인 진입기의 경험은 일부 선진국에 국한되는 것이 아니라 세계적인 추세가 될 것으로 전망한다.

3) MZ, 애매모호한 세대

오늘날 MZ세대는 더 이상 낯설지 않다. 가정 안에서 일터에서 어디에서나 만날 수 있다. 이들을 향한 편견 가운데 하나는 이들이 불성실하고 예의 없다는 것이다. 그러나 이들을 품기 위해서는 다음과 같은 MZ세대의 특징을 이해해야 한다.

첫째, 애매모호함에 맞서는 세대이다.

오늘날 MZ세대를 마주하면 이들이 일을 하는 건지 안하는 건지. 열심이 있는 건지, 없는 건지, 최선을 다하는지 아닌지를 모를 때가 있나. 과거에는 순종적이었던 사내 분위기는 MZ세대의 등장 이후 일명, '3요' 주의보가 발동했다. 「서울경제」의 양지윤, 전희윤 기자의 기고문[62]에 따르면 '3요'는 상급자의 업무 지시에 대해 반문한다.

---

62 양지윤,전희윤, "'이걸요?, 제가요?, 왜요?' MZ '3요'에 임원도 떤다." 「서울경제」 2022년 10월 6일.

'왜요?'

'제가요?'

'이걸요?'

이를 뜻하는 단어이다. 군말 없이 명령이나 지시에 따르던 기성세대의 눈에는 불성실하게 보일 수밖에 없다.

이러한 당돌한 반응은 MZ세대의 특성으로서 스스로 납득이 되어야 업무 지시를 받아들이는 경향이 있다. 그래서 MZ세대와 소통하기 위해서는 애매모호한 업무 지시가 아닌 분명한 목적과 의미를 전달해야 하며 무엇보다 이들의 눈높이에서 문제를 바라보는 자세가 필요하다. MZ의 당돌함은 반항도 아니며 불만도 아니다. 그들은 상호 소통을 원하고 있는 것이다.

즉, '이걸요?'

이런 질문에는 관련된 업무의 목적을 상세히 설명해 주어야 한다. MZ세대는 지시 받은 업무에 대해 정확한 내용을 숙지하기를 원하고 그 일의 목적에 대해서도 설명을 요구하는 경향이 있다.

그리고 '제가요?'

이 질문에는 직원에 대한 객관적인 평가와 이룰 수 있는 성과에 대한 예측을 반영하여 적성과 직무를 고려한 소통이 필요하다. MZ세대는 수많은 사람들 가운데 왜 내가 해야 하는지 설명을 기대한다.

마지막으로 '왜요?'

이렇게 하는 질문에는 회사가 가지고 있는 비전이나, 기여할 수 있는 방법이 무엇인지를 상세히 설명해야 한다. MZ세대는 해당 업무를 수행해야 하는 분명한 이유와 필요성과 기대되는 효과에 대해서도 설명을 요구한다. 이러한 상황 속에서 기성세대에게는 유연한 자세가 요구된다. 단순히 내뱉는 단어나 어감에 따라 부정적 시각을 갖기보다는 그 어떤 세대보다 쌍방향 소통을 원하는 것임을 알고 대화의 자리로 나가야 한다. 이와같이 MZ세대는 성인 진입기의 청소년기와 성인기 중간에 끼어있는 애매한 세대이면서 동시에 업무에 있어 애매한 것을 참지 못하는 세대이다.

둘째, 애매모호함을 즐기는 세대이다.

MZ세대는 불필요한 논쟁을 즐기는 세대이다. 애매모호한 상황을 주제로 다양한 논쟁거리들이 양산되고 있다. 대표적인 논쟁거리로는 '깻잎 논쟁'이 한창이다. 이 논쟁거리는 "자신의 애인이 이성의 지인에게 깻잎을 떼 줘도 되느냐 마느냐"의 논쟁이다. 이러한 논쟁이 이슈가 되는 것은 과거 기성세대에게는 친절을 베풀던 행위였다. 그러나 시간이 지나 MZ세대에게는 이해할 수 있는 친절을 넘어서서 정을 나누는 사적인 행동으로 치부될 수 있다는 것이다.

이뿐 아니라 애인이 운전하는 차량에 단둘이 타야 할 때 앞에 타야 하는가, 뒤에 앉아야 하는가?

그리고 이러한 논쟁거리가 이슈가 되고 흥미를 끄는 것은 정치나 경제 문제와 같이 진지함보다는 가볍고 일상적인 주제를 다루기 때문이다. 또한, 이러한 소소한 논쟁거리를 중심으로 기성세대가 MZ세대와 대화의 자리에 참여할 수 있는 기회를 만들어주고 상대방의 성향이나 가치관에 대해서도 엿볼 수 있기에 소통의 측면에 있어 친목을 형성하는 데 큰 장점이 있다.

애매모호함을 논쟁거리로 승화시키는 MZ세대의 모습은 그만큼 사회적 소통에 대한 열망으로 이해될 수 있으며 자기 정체성과 가치관을 드러내기 좋아하는 MZ세대의 성향을 그대로 반영한 것이라 할 수 있다.[63] 무엇보다 애매모호한 상황에 대한 분명한 기준이나 정답이 없기에 이러한 틈을 MZ세대가 끼어들어 다양한 의견을 나누게 되었다.

---

63 김선영, "MZ세대는 '논쟁 중' 깻잎, 새우, 블루투스, 패딩까지," 「노컷뉴스」 2022년 7월 18일.

셋째, 애매모호함이 재능이 되는 세대이다.

오늘날 현대 사회는 천부적인 재능에 의존하여 살아가지 않는다. MZ세대는 재능의 수준이나 탁월함을 쫓아가지 않는다. 탁월함에는 미치지 못하는 재능, 그 애매모호함이 새로운 능력으로 평가받고 있다. 유튜브에 올라오는 다양한 컨텐츠를 보면 일반적으로 평범해 보이는 직장 남성이 자신이 좋아하는 IT기계를 리뷰하거나, 자동차를 소개하는 모습을 종종 보게 된다. 전자 기기나 자동차에 대한 해박한 지식은 없지만 일반 사람들의 눈높이에서 제품을 설명할 때 전문가보다 더 많은 호응을 얻는 것을 보게 된다.

윤상훈 작가는 『애매한 재능이 무기가 되는 순간』에서 애매한 재능의 기준을 다음과 같이 세 가지로 구분하였다.[64]

첫째, 다른 사람보다 더 잘 아는 것이 재능이 될 수 있다. 전문가는 아니어서 자랑하지는 못하지만 해당분야에 대해 모르는 이가 물어보면 답할 수 있는 정도이다.

둘째, 작지만 흥미를 느끼는 것도 재능이 될 수 있다. 흥미를 느끼는 관심분야를 가지고 있거나, 특별한 취향을 가진 사람도 주목을 받는 시대가 되었다.

셋째, 좋아하거나 잘하지 않아도 먼저 경험해본 것도 오늘날 재능이 될 수 있다. 해당 경험에 대해 물어보거나 궁금할 때 답해줄 수 있다면 재능이 있는 것으로 바라본다.

오늘날 현대 사회는 탁월한 재능만으로 살아가는 시대가 아니다. 남들이 가지고 있지 않은 경험, 지식, 정보를 가지고 많은 이들의 이목을 끌 수 있게 되었다.

---

64 윤상훈, 『애매한 재능이 무기가 되는 순간』 (서울:와이즈베리, 2021), 50.

제5장

VUCA 시대, MZ세대를 위한 멘토링

1. 정체감 형성을 위한 신앙 교육

1) 자존감에서 정체감으로

오늘날 현대 사회는 자본주의 사회이다. 자본주의란 사유 재산을 바탕으로 시장에서 자유로운 경제활동을 보장하는 경제체제이다. 자본주의의 흐름을 살펴보면 16세기 상업자본주의에서 시작하여 18세기 산업자본주의로 볼 수 있다. 공장 기계를 통해 대량생산이 가능했으며, 자유방임주의의 형태로 시장의 기능을 강조하였다. 이것은 국가의 간섭은 낮추고 시장에서 개인이 자유롭게 거래를 하도록 내버려둘 때 "보이지 않는 손"에 의해 자원의 분배가 이뤄질 것을 바탕으로 한다.

그러나 자유방임주의는 과도한 경쟁을 불러오고 소수의 기업이 시장을 독점하는 현상과 인권 문제 및 환경 오염 문제가 발생하기 시작했다. 또한, 1929년 세계 경제 대공황을 기점으로 은행이나 기업은 도산하기 시작했고, 실업자는 기하급수적으로 증가하기 시작했다. 이때 경제학자 케인스는 정부의 개입을 강조하면서, 시장과 정부의 혼합된 역할을 도입하였다. 바로 이것이 수정 자본주의다. 이전보다 더 큰 정부의 역할이 눈에 띄게 되었고, 복지를 강조하는 뉴딜 정책이 국가 정책으로 시행됨으로 세계

경제 대공항의 위기를 막을 수 있었다. 그런데 얼마 후 수정주의의 문제점이 불거지기 시작했다. 그것은 과도한 정부의 개입으로 복지 혜택이 많아지면서 도덕적 해이가 나타나게 된 것이다. 더욱이 1970년대에는 석유 파동과 스태그플레이션으로 물가가 오르고 경기가 장기간 침체되는 현상이 이어지기 시작했다.

그 결과로 다시금 정부의 지나친 시장의 개입을 비판하면서 1980년대부터는 다시 자유로 돌아가게 되는데 이것이 신자유주의다. 시장을 강조하는 신자유주의는 정부의 시장 개입을 줄임으로써, 정부의 법적 규제를 완화하고 과도한 복지를 축소하고, 형평성보다는 효율과 성장을 강조하기 시작했다.

오늘날 신자유주의의 문제는 1980년대부터 시작된다. 노리나 허츠(Noreena Hertz)는 『고립의 시대』에서 신자유주의가 가져온 자유로운 선택, 자유로운 시장은 자율적인 경쟁을 가능하게 했으나 경쟁적 사고방식은 공동체나 공동선보다 개인의 이기심을 불러왔으며 빈부 격차의 문제로써 경제적으로 약자는 더 많이 발생하게 되었다라고 말한다.

그뿐만 아니라 신자유주의는 공동체주의가 주류를 이루었던 1960년대 이후로 점점 성취나 소망과 같은 개인주의적 언어들을 양산해 내기 시작했으며 대중가요에 있어서 '우리'라는 말보다 '나'라고 하는 표현이 많아지기 시작했다. 1980년대까지는 처지가 비슷한 같은 동료끼리는 서로를 비난하거나 무시하거나 존중하지 않는 끔찍한 상황이 벌어지지 않았다.[1]

결국, 노리나 허츠의 분석대로 신자유주의는 우리 자신을 스스로 협력자가 아닌 경쟁자로 만들었으며 서로 돕는 사람보다는 각자 도생하는 투쟁의 상대로 만들어 버렸다. 신자유주의 이전까지는 경쟁 구도가 존재하지 않았으나 이제는 무한 경쟁으로 인하여 양극화 현상이 일어나게 되었으며

---

1 김태형, 『가짜 자존감 권하는 사회』 (경기: 갈매나무, 2020), 13.

2 한국 사회에서 서로간의 경쟁과 불신이 가득한 사회로 변질되었다.3 물질 만능주의와 학벌 중심주의 그리고 외모 지상주의는 오늘날 신자유주의가 낳은 우리 사회의 부끄러운 민낯이라 할 수 있다.

신자유주의의 영향 아래 부모 세대는 1980년대를 지나왔다. 신자유주의의 영향 속에서 1980년대 이후부터 한국 사회에 자녀 교육의 핵심으로 '자존감' 교육이 자리 잡기 시작했다. 그러나 자존감 교육에 대한 실효성은 여전히 의문을 낳는다. 현대 사회에 이르러 수많은 MZ세대가 자존감 문제로 고통받고 있다. 무한 경쟁 속에서 성적을 중요시하는 부모 밑에서 조건부 사랑을 받았으며 상호 존중보다는 경쟁을 중시하는 환경에서 고등학교와 대학교를 졸업하고, 사회에 나와서도 존중받지 못하고 있다.4

신자유주의 아래에서 MZ세대는 자존감의 위기를 경험하고 있다. 청년들은 '수정 계급론'을 통해 금수저를 물고 태어난 사람과 흙수저로 살아가는 사람 사이에는 결코 좁혀지지 않는 간극이 발생된다. 그 결과 많은 MZ세대는 박탈감을 느끼고 좌절한다.

이러한 상황 속에서 MZ세대에게 중요한 것은 더 이상 자존감의 교육이 아니라, 이제는 정체성의 획득이 중요한 문제로 다가온다. 자존감이 낮은 MZ세대는 안타깝게도 자신이 하는 일과, 사회적 지위 그리고 SNS에 올려진 자기 일상을 통해 정체감을 얻고 있다.5 신자유주의 체제 아래에서 MZ세대의 가장 큰 문제는 정체성의 문제이며, 한국 사회는 정체성의 형성이 MZ세대에게 있어 중요한 과제임을 인식해야 한다.

---

2 박숭인, 『신자유주의와 상황신학의 새로운 패러다임』(서울: 동연, 2022), 18.
3 박숭인, 『신자유주의와 상황신학의 새로운 패러다임』.
4 김태형, 『가짜 자존감 권하는 사회』(경기: 갈매나무, 2020), 42.
5 박숭인, 『신자유주의와 상황신학의 새로운 패러다임』, 150.

2) 정체감 형성을 위한 신앙

파울러(James W.Fowler)는 신앙이 인간의 발달 과정과 밀접한 관계가 있다고 보았으며[6] 종교적 가치관에 따라 정체감이 발달하는 과정을 신앙 발달 이론으로 체계화하였다.[7] 신앙의 성장과 성숙에 따라 인간이 갖는 정체감이 파울러는 종교적 신념을 발달 단계로 나누어 설명하였는데, 피아제(Jean Piaget), 콜 버그(Lawrence Kohlberg) 그리고 에릭슨(Erik Erikson)의 이론을 바탕으로 종교적 신념의 발달 과정을 6단계로 구분하였다.

파울러는 신앙 발달의 단계 이론을 통해 신앙은 어느 한순간에 생겨서 완성되는 것이 아니라 인간의 몸과 정신이 성장하는 것같이 서서히 신앙의 성숙으로 나타난다고 보았다.[8] 아넷(Arnett)의 성인 진입기(Emerging Adulthood)에 나타나는 정체성의 형성을 위한 탐색과 이념 및 가치관의 형성을 연구하기 위해서는 파울러의 신앙 발달 단계에서 주목할 것은 신앙 발달의 3단계(12세에서 17세) 그리고 신앙 발달 4단계(18세에서 30세)이다.

파울러(Fowler, 1976)는 종교적 가치관을 통해 정체감이 발달하는 시기가 18세에서 24세 이르는 청년 후기라고 말했다.[9] 파울러의 연구를 주목할 것은 신앙의 발달을 통한 정체감의 발달이 에릭슨 및 레빈슨 그리고 아넷의 연구 이론에 따르면 청소년 및 청년기는 정체성이 형성되는 중요한 시기이기 때문이다.

본서에서는 청년기와 간접적으로 연관이 있는 청소년기에 해당하는 신앙 발달 3단계 이론과 청년과 직접 연관이 있는 신앙 발달 4단계 이론에 대해 고찰하고자 한다.

---

6 사미자,『인간 발달과 기독교교육』(서울: 한국장로교출판사, 2012), 199.
7 장휘숙,『청년 심리학』(서울: 학지사, 2000), 262.
8 손승희, 오인탁 외,『기독교교육론』(서울: 대한기독교교육협회, 1989), 115.
9 장휘숙,『청년 심리학』, 262.

먼저, 파울러의 신앙 발달 3단계 이론은 '종합적-인습적 신앙'의 단계이다.[10] 이 단계는 사춘기에 해당되며 가족 구성원이나 신앙 공동체의 인물 또는 주변의 중요한 인물들로부터 신앙적으로 영향을 받는 시기이다. 이 시기에 청소년들은 가족이나 학교 그리고 직장이나 또래들, 대중매체나 종교에 이르기까지 관심의 대상이 넓어진다. 그래서 이 시기에 발달되는 인습적 신앙은 여러 가지 이야기나 성찰, 믿음 등을 하나로 종합하는 일관된 방향을 갖게 하며 정체성과 전망을 위한 근거를 제공해준다.[11]

그리고 신앙 발달 4단계 이론은 '개별적-반성적 신앙'의 단계이다.[12] 18세가 되면서 종합적이며 인습적인 신앙은 무너지게 되고 4단계의 반성적 신앙으로 발달하게 된다. 4단계에는 관습적 신앙에서 벗어나 신앙적으로 홀로서기를 할 수 있는 능력을 갖추게 된다. 신앙 발달의 3단계에서 4단계로 이동함에 따라 피치 못할 긴장을 갖게 되며 개별적 존재로서 정체성을 형성하게 된다.[13] 이 시기에는 타인의 기대치와는 상관없이 고민하며 중요한 결정을 내리기도하며 자기 신앙 안에서 헌신이나, 생활양식 또는 신념과 태도에 대한 책임감을 갖게 되는데 이를 통해 자발적인 신앙을 성취하게 된다.

파울러는 신앙 발달의 3단계에서는 인습적 신앙에 순응하게 되므로 주변의 영향력 있는 사람의 기대와 판단에 따르기 때문에 독립적 판단을 내리기 쉽지 않지만 4단계에서는 정체성의 형성과 신앙의 발달로 인하여 타인과 자신을 구별하려는 경향이 나타난다.[14] 또한, 4단계에서는 인습에서 벗어난 종교적 신념을 형성한다고 보았으며 그들이 가진 경험과 가치관

10　James W. Fowler, 『신앙의 발달 단계』, 사미자 옮김 (서울: 대한예수교장로회, 2002), 243.
11　James W. Fowler, 『신앙의 발달 단계』, 277-278.
12　James W. Fowler, 『신앙의 발달 단계』, 280.
13　James W. Fowler, 『신앙의 발달 단계』, 292-294.
14　사미자, 『인간 발달과 기독교교육』, 226.

을 배경으로 종교의 교리나 신앙에 대해 평가하고 비판할 수 있다고 보았다. 또한, 신앙의 발달이 3단계에서 4단계로 나가지 않으면 부모나 가까운 지인의 종교를 무비판적으로 수용하기도하고 사이비 종교의 맹신자가 될 수 있으며 학업을 포기하면서까지 집단 종교 생활을 하는 이들이 발생하기도 한다.[15]

파울러(James W. Fowler)의 견해에 따라 종교적 신념을 갖게 되는 성인 진입기는 영성 형성에 있어 매우 의미 있는 시기이다. 영성 형성(Spiritual Formation)이란 영적으로 만들어 감을 의미하며 하나님 안에서 다듬어지고 영성이 깊어지는 과정이다. 성인 진입기 시기에 영성 형성이 매우 중요한 것은 자아 정체성을 형성하는 데에 영성 형성이 서로 상관관계에 있기 때문이다.

브래들리 홀트(Bradley P. Holt)가 강조하는 영성 형성의 세 가지 요소를 보면 다음과 같다.

첫째, 영성 형성은 존재와 관련이 있다.

영성 형성은 무엇을 성취하거나 실행하는 데 목적이 있지 않으며 진정한 나를 발견하고 '나'라고 하는 존재가 되게 한다.[16] 사회에서 만들어진 나, 세상의 욕심에 사로잡힌 나의 모습은 진짜 나의 모습이 아니다. 진짜 자기 모습은 세상이 아닌 하나님과 깊은 사귐에 들어갈 때 발견할 수 있다. 영성 형성은 이처럼 참다운 나의 모습을 발견하는 과정이기에 정체성 영성과 밀접한 관계를 갖는다.

둘째, 영성 형성은 관계를 이루는 것이다.

영성 형성에는 네 가지 관계를 포함한다. 하나님과의 관계, 자신과의 관계, 이웃과의 관계. 세상(피조물)과의 관계이다. 나 자신과의 건강한 관

---

15 장휘숙, 『청년 심리학』, 260.
16 소기범, 『하나님 만나기: 영성 형성의 실제』(서울: 대한기독교서회, 2010), 14.

계를 맺을 때, 내 영혼의 깊은 곳에서 하나님을 만나게 되고, 나를 지으신 하나님을 내 영혼의 깊은 곳에서 만나게 되므로 나 자신을 올바르게 이해할 수 있다.

셋째, 영성 형성은 훈련과 관계가 있다.

영성가들은 묵상과 경건의 시간을 통해서, 참 나와 하나님을 찾을 수 있다고 말했고, 영성 형성은 참다운 나의 존재를 하나님 안에서 발견하며 하나님과 깊은 사귐을 통해 삶의 의미와 행복을 찾게 된다고 보았다. 그래서 홀트는 영적인 성장은 선택이 아니라 우리의 존재 의미를 찾고 행복을 발견하기 위한 필수 사항이라고 밝혔다.[17]

3) 성인 진입기 신앙의 개인화

아넷의 '성인 진입기'는 정체성의 탐색이 이뤄지는 시기이며 정체성 형성의 주요인은 일과 사랑 그리고 신앙이라고 할 수 있다.[18] 정체성 형성을 위한 신앙의 중요성은 점점 높아지지만 정작 신앙생활을 하는 MZ세대의 신앙심은 점점 낮아지고 있다.

미국의 트웬지(Twenge) 교수는 기존 세대 연구와 심층 인터뷰와 설문 조사를 통해 오늘날 MZ세대의 종교 생활과 신앙심이 어떠한 변화를 가져왔는지를 연구하였다. 흥미로운 것은 트웬지 교수는 MZ세대의 부모인, 베이비붐세대와 X세대의 신앙심을 연구하며 MZ세대의 부모 신앙이 자녀의 신앙생활에 영향을 주고 있다고 보았다.

과거, 1970년대에 종교를 갖고 있지 않은 학부모는 5퍼센트에 불과했다. 그러나 2016년 미국의 대학생을 대상으로 한 설문 조사에서 전체 학부

---

17 소기범, 『하나님 만나기: 영성형성의 실제』, 16.
18 박향숙, "초기성인을 위한 기독교신앙 교육: 신생 성인기를 중심으로" (철학박사학위 논문, 서울신학대학교, 2012), 49.

모의 17퍼센트가 종교를 갖고 있지 않은 것으로 나타났다. 종교를 가진 부모가 점점 줄어들고 있는 것과 동시에 1990년대 말부터 종교를 믿는 젊은 인구는 급속히 줄어들기 시작하였고 젊은 성인을 대상으로 종교가 있다고 응답한 한 비율이 1990년대 90퍼센트에서, 2016년도의 60퍼센트로 급격히 감소하였다.[19]

오늘날 청년의 종교 활동이 줄고 있는 것은 사회·문화의 영향력을 빼놓을 수 없다. 청년들은 세속 문화를 포용하고 세속 문화와 더불어 살아가고 있으며 동시에 기독교 신앙을 문화 속에서 실천할 자유와 권리를 가지고 있다.[20] 2016년 연구에 따르면, 18세에서 24세에 이르는 인구 3명 중 1명은 '하나님을 믿지 않는다'고 답했으며 기도를 하는 사람 역시 급격하게 줄어들었다. 2004년에는 '가끔은 기도를 한다'고 답한 젊은 성인은 84퍼센트였으나 2016년 젊은 성인 네 명 중 한 명이 '전혀 기도하지 않는다'고 답했다.[21]

아넷은 인간 발달 단계 '성인 진입기' 시기는 다른 어느 세대보다 종교심에 대한 방향성을 갖는 시기로 보았다. 특히, 트웬지 교수는 미국의 젊은 성인들이 개인주의를 강조하는 미국 문화에서 개인의 선택이 중시되는 사회 문화의 영향으로 종교를 멀리하고 있다고 보았다.[22]

개인주의 성향이 짙어질수록 종교적인 성향은 그만큼 옅어지고 있으며 신앙생활을 통해 교리를 믿고 종교 단체에 가입하여 활동하는 것은 오늘날 현대 사회의 개인주의 사고방식과 맞지 않기 때문에 청년들은 교회를 떠나고 있다. 오늘날 현대 사회는 청년들을 향하여 '자기 자신을 믿

---

19 Jean M. Twenge, 『#i세대』, 김현정 옮김 (서울: 매일경제신문사, 2018), 201.
20 이규민, "현세대 청년들을 위한 교육목회의 과제와 방향," 「한국기독교신학논총」 No.107 (2018년): 260.
21 Jean M. Twenge, 『#i세대』, 209.
22 Jean M. Twenge, 『#i세대』, 225.

어라', '너가 원하는 인생을 살라'와 같은 개인주의 사고방식 앞에서 MZ세대는 종교를 반문화적으로 느끼고 있다.[23]

크리스티안 스미스와 패트리샤 스넬은(Smith & Snell, 2010) 성인 진입기의 30퍼센트는 한 달에 한 번 예배에 참석하고 대부분이 1년에 겨우 몇 번만 예배에 참석했다고 보았으며 성인 진입기의 44퍼센트는 자기 삶에서 종교적 신념이 중요하다고 보았다. 그리고 75퍼센트는 신을 믿는다고 보았다. 이러한 점에서 아넷은 '성인 진입기'의 종교적 신념, 곧 신앙은 매우 개인화되었다고 말한다.[24]

개인화된 종교성의 특징으로 '성인 진입기'의 청년은 전통적인 교리를 잘 수용하지 않으며 자기 부모를 비롯한 다양한 원천으로부터 학습한 것을 토대로 부분적으로 구성한 자기 종교적 신념을 자기 나름의 관점으로 채택하는 경향을 보인다.[25] 종교의 교파를 따지는 것은 더 이상 의미가 없으며 신앙의 개인화로 인하여 공동 예배 참석과 소그룹의 중요성은 점점 줄고 있다.

<표 5.1> 성인 진입기 다양한 종교 형태

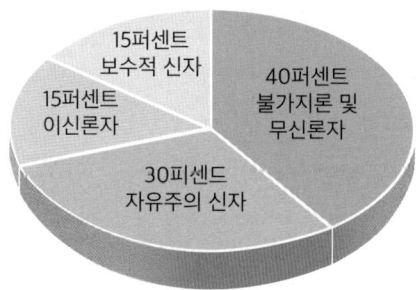

---

23 Jean M. Twenge, 『#i세대』, 226.
24 Jeffrey Jensen Arnett, 『인간 발달: 문화적 접근』(서울: 시그마프레스, 2018), 351.
25 Jeffrey Jensen Arnett, 『인간 발달: 문화적 접근』, 351.

더 나아가 '성인 진입기'의 신앙의 개인화 현상은 결국, 종교적 다양성을 낳게 되었으며 이 다양성은 가장 덜 종교적인 것에서 매우 종교적인 형태로서 네 가지 범주로 구분되어 나타났다.

첫째, 가장 많은 경향을 나타내는 것이 불가지론자(Agnostic) 및 무신론자(Atheist)의 경향이다.

신을 믿지 않는다는 것은 무신론자를 의미하고, 신이 존재하는지 아닌지 알 수 없다고 말하는 것은 불가지론자들이다. 이것은 성인 진입기 시기의 사람들 가운데 가장 많은 40퍼센트에 해당한다. 이들은 신을 믿지 않으며 신이 존재하는지 아닌지 알 수 없으며 종교를 자기 삶과 무관하다고 말하고 있다. 어떤 이들은 종교보다 과학과 이성을 더 중요하게 여기기도 한다.

둘째, 진보적 신자로서, 자유주의 신자(Liberal Believer)이다.

성인 진입기의 사람들은 종교를 갖게 될 때 자기가 원하는 것을 취하되 자신에게 맞는 특정 교파 신앙의 부분만을 믿는 경향을 나타낸다. 진보적 신자는 성인 진입기의 30퍼센트에 해당한다. 이들은 자유주의적 신자로서 자신이 기독교인, 가톨릭교인, 또는 유대교인이라고 스스로 고백하면서도 예배에 참석하기도 하며 자신이 속한 종교적 전통의 일부를 거부하기도 한다.[26]

셋째, 자연신교도로서 이신론자(Deist)이다.

이 세상에 신이나 일종의 '하나님', '높은 힘', '영성'과 같은 영적인 힘이 있다고 믿지만, 자신이 특수한 종교에 속하지 않았다고 강조하며 하나의 종교적 신념만을 고수하는 것을 거부한다. 이들은 무엇을 믿어야 할지 모르는 상태의 사람으로서 성인 진입기의 15퍼센트를 차지한다.

26　Jeffrey Jensen Arnett, *Emerging Adultgood: the Winding Road from the Late Teens through the Twenties*, New York: Oxford, (2004), 167-171.

넷째, 보수적 신자로서 전통적이고 보수적 신앙을 가진 성인 진입기 사람들을 가리킨다.

이들은 하나님을 믿는 것이 유일한 신앙이며 예수가 하나님의 아들이며 유일한 구원자임을 믿음으로 고백하며 하나님의 인도하심을 믿는 신앙으로 매일의 삶을 살아간다. 성인 진입기의 15퍼센트가 여기에 해당된다.[27]

2. 멘토링을 통한 신앙 교육

1) 멘토링(Mentoring)이란 무엇인가?

필자는 VUCA의 시대에서 MZ세대를 위한 교육으로 멘토링의 중요성을 언급하고자 한다. 멘토링(Mentoring)이란 용어는 그리스 신화에서 시작되었다. 멘토는 B.C 8세기의 그리스 시인 호머(Homer)의 서사시 오디세우스에 등장하는 인물이다. 이타카(Itaca)의 왕인 오디세우스는 고대 트로이 전쟁에 출전하는 동안 자기 아들 텔레마쿠스(Telemachus)를 지혜로운 현인이었던 멘토의 감독과 보호 아래 맡겨놓았다. 당시 멘토는 자신보다 어린 텔레마쿠스에게 책의 내용만 가르치지 않고 인생의 지혜를 얻도록 하였다. 이처럼 멘토의 과제는 지성뿐 아니라 영혼의 교육을, 지혜의 교육을 남낭하는 것이다.[28]

이러한 상황 속에서 등장한 멘토링은 지혜 있는 노인이나 사람들을 좋은 길로 인도하는 목자를 나타내는 말로 사용되었다. 멘토는 인류의 역사

---

27 Jeffrey Jensen Arnett, 『인간 발달: 문화적 접근』, 352.
28 Raddy D. Reese, 『영적 멘토링』, 김종호 옮김 (서울: 한국기독교학생회, 2002), 43.

만큼이나 오래 지속되어 왔다. 오랜 사회 문화 속에서 무당과 마법사, 예언자와 철학자, 지도자와 선생은 인류 역사 초창기 때부터 내려오는 멘토의 다양한 모습이다. 멘토가 역사적으로 모범이 되는 것은 그들이 가진 사상뿐 아니라 삶에서 실천적으로 본받을 수 있는 삶의 방식을 보여 주며 가르쳐 주기 때문이다.

멘토의 지도를 받는 피 훈련자를 우리는 멘티(Mente)라 하며, 피인도자(Directee)라고 하는데 평소에 제자라는 단어를 선택하여 사용하고 있다.[29] 멘토링으로서 멘토의 역할은 다음과 같다.

> 제자 훈련가, 영적 인도자, 코치, 상담가, 교사, 후원자, 동시대의 모범, 역사적인 모범 그리고 신적인 접촉에 따른 멘토링으로 나뉘어진다. 이러한 멘토링의 관계는 일반적인 인간관계로 형성되는 것이 아니며 계약적이면서, 법적인 관계도 아니며, 사적인 관계도 아니다. 멘토링을 하는 동안 멘토는 멘티를 가족처럼 사랑하며, 소중한 친구처럼 보살펴주고 부모처럼 희생적인 자세로 뒷받침해 주고, 어려운 상황 속에서 지혜를 제공하고 방향을 제시해 준다.[30]

그러므로 멘토링은 평생 지속해야 하는 관계라 말할 수 있다. 인간의 발달 단계 가운데 성인 진입기는 다른 어느 시기보다 정체성의 성취를 위한 탐색의 시간이다. 정체감의 유예가 길어지고 있는 상황 속에서 멘토링은 MZ세대를 돌보며 인생의 방향을 제시하는 데 있어 매우 효과적인 교육의 방법이라 할 수 있다. 실제적으로 MZ세대에게 있어 멘토링은 다양한 이유에서 중요하게 여겨지고 있다. 멘토링의 중요성을 살펴보면 다음과 같다.

---

29 Raddy D. Reese, 『영적 멘토링』, 44.
30 박안석, 『청소년 멘토링 사역』(서울: 생명의말씀사, 2003), 54-55.

첫째, 멘토링은 오늘날 현대 사회에서 진정 모범적인 어른의 역할을 감당하는 사람으로 성장하게 한다.

MZ세대와 기성세대는 세대 차이와 세대의 갈등으로 소통의 어려움을 겪고 있다. MZ세대가 성인 진입기를 통해 성인이 되어가기까지 스스로의 힘으로 문제를 해결해 나아갈 수 있도록 멘토는 인생의 방향을 제시하며 지혜를 전해주는 안내자가 되어줄 수 있기 때문이다. 이러한 상황 속에서 멘토링은 소통의 측면에서 새로운 의사소통의 방식의 하나이며 인격적인 대화와 만남을 통해서 새로운 생각이나 통찰력을 끄집어낼 수 있게 하며, 갈등과 위기 속에서 서로 고민을 이야기하며 해결책을 모색하게 한다. 현대 기술 및 정보사회에서 멘토링은 인간 사회의 갈급한 소통의 문제에 근본적인 대안이 될 수 있다.

둘째, 현대 사회에서 멘토링의 중요성이 높아지는 이유는 인간 소외와 고립의 문제 때문이다.

현대 사회의 소외문제는 인간관계의 단절을 가져왔다.[31] 에릭슨의 심리발달 단계에 의하면 성인은 다른 사람들과 함께하는 친밀감을 통해 인생의 의미를 찾게 되지만, 그렇지 못하면 소외를 경험하게 된다고 말한다. 오늘날 COVID-19의 감염병으로 인하여 사회적 거리 두기 및 자기 면역의 관리로서 소통의 단절은 청년의 고립과 소외의 문제를 일으켰다.

인간관계의 단절 속에서 우리는 도움을 주는 사람을 찾게 된다. 인격적이며 신뢰 관계에서 맺은 멘토링을 통해 마음을 열게 되고 비인격적인 사회 구조에서 받은 상처를 위로받으며 인생의 격려를 얻게 되고 문제 해결을 위한 지혜를 얻게 된다. 오늘날 경쟁이 심하고 분열과 다툼이 많은 사회 속에서 이해를 구하거나 신뢰를 얻기가 쉽지 않지만 멘토링은 사회적으로 깊은 관계를 맺게 하여 건강한 자아 정체성을 형성하게 한다.

31　Bob Biehl, 『멘토링』, 김성웅 옮김 (서울: 디모데, 1997), 28.

셋째, 현대 사회에서 정체감의 유예기간이 늘어감에 따라 멘토의 중요성이 높아지고 있다.

오늘날 현대 사회 MZ세대는 성인 진입기를 지나가면서 다양한 역할과 과제를 수행하면서 자기 가능성을 탐색하는 과정이 길어지고, 정체감을 성취하는 과정은 점점 길어지고 있다. 팍스(Parks)는 청소년기를 벗어나면 지금까지 경험했던 인습적 공동체를 떠나 탐색하는 과정을 겪는다고 하였으며 이 시기에 개방적이고 탐색을 경험하는 상태, 즉 목적지 없이 바다에 떠 있는 상태와 같은 시기가 찾아온다고 하였다.[32]

이처럼 정체감의 유예기간이 늘어남에 따라 청소년 및 청년들은 위기와 갈등을 해결할 수 있는 멘토가 필요하다. 레빈슨의 인생의 구조를 보면 17세에서 22세에 이르는 성인 초기 전환기에서 성인 초기 절정기에 이르는 40세에는 결혼이나 직업, 주거와 같은 삶의 방식을 선택할 때 스승이나 멘토를 반드시 곁에 두어야 한다고 강조했다.

2) 성인 진입기 '멘토링' 신앙 교육

아넷은 성인 진입기의 청년들은 청소년기의 사춘기와 같은 극적인 변화의 요소는 없지만 자기 탐색 과업은 지속된다고 보았다. 성인 진입기의 MZ세대는 세계적으로 경제 문화적 변화 속에서 빠른 사회 문화 속에서 가치와 기준이 모호한 상황을 맞이하고 있다. 이들은 대학 졸업 이후에도 수많은 도전에 직면하기도하며 혼돈과 불안정 속에서 수많은 결정을 내리며 자기 영역을 찾아 나서야 한다.[33]

---

[32] Sharon D. Parks, *The Critical Year: The Young Adult Search For a Faith to Live by*(San Francisco: Haper & Row, 1986), 65.
[33] Richard R. Dunn, 『이머징 세대를 위한 영적 멘토링』, 정은심 옮김 (서울: 기독교문서선교회, 2013), 43.

이러한 상황 속에서 성인 진입기의 MZ세대는 이러한 불확실하며 복잡한 사회를 이끌어주며 안내해줄 멘토를 동경한다. 이러한 점에서 성인 진입기의 시기는 성숙한 그리스도인들의 안내를 갈망하는 시기라 할 수 있다.[34] 오늘날 MZ세대의 신앙 교육으로써 영적 멘토링은 다음과 같은 이유에서 중요하다고 할 수 있다.

첫째, 영적 멘토링은 성인 진입기의 MZ세대를 '양육하는 방법'으로서 중요한 역할을 한다.

오늘 우리 사회에는 고도의 산업화와 무신론적 인본주의 사상이 극에 달해 있다. 이러한 시대야말로 성경적인 양육 방법이 필요한 때이다. 무엇보다 성경적인 리더쉽으로 지도자를 양육하는 데 있어 멘토링은 매우 중요하다. 지도자 훈련 과정은 계획된 프로그램을 통해서 지도자를 만들어가지만 멘토링은 인격적인 관계 안에서 양육이 시작된다.

여기서 맺는 관계는 사람과의 좋은 관계를 맺는 단순한 의미를 넘어서서 멘티의 꿈과 비전을 이루도록 함께 기도하며 도울 수 있는 신뢰적 관계를 의미한다. 멘토는 그 신뢰적 관계 안에서 험난한 여정을 함께할 동년배가 될 수도 있고, 조부모처럼 전인적 성장에 도움을 주는 멘토가 될 수도 있다. 멘토는 멘티가 도움을 원하거나 어려움에 처했을 때 언제든지 돌봐주고 방향을 잡아주는 역할을 한다.[35] 무엇보다 청소년 및 청년의 시기는 좀 더 많은 질문을 던져 스스로에 대한 결정을 내리는 시기이다.

이러한 성인 진입기의 청년들과 인격적인 관계를 맺고, 이들을 영적으로 지도하며 사랑으로 돌보는 멘토링을 통해 하나님과의 관계 그리고 사람과의 관계 안에서 하나님의 사람이 온전하게 세워질 때 믿음이 자라고

---

34 Richard R. Dunn, 『이머징 세대를 위한 영적 멘토링』, 35.
35 박안석, 『청소년 멘토링사역』(서울: 생명의말씀사, 2003), 64.

인격이 성숙해질 수 있다.

　로버트 클린턴(Robert Clinton)은 멘토링이란 하나님께서 주신 자원을 나눔으로써 한 사람이 다른 사람에게 힘을 더해주는 관계적 경험이라고 했다.[36] 그래서 멘토링은 평생을 지속해야 하는 관계라고 말한다.[37] 이러한 점에서 성인 진입기의 신앙 교육은 일시적인 훈련이나 교육 프로그램이 아닌 멘토링을 통한 관계 안에서 변화를 기대하게 한다. 이러한 점에서, 영적 멘토링은 성인 진입기 청년을 다음 세대의 지도자로 세우기 위한 가장 좋은 영적 양육의 방법이라 할 수 있다.

　둘째, 영적 멘토링은 자아 정체감의 유예 상태가 길어지는 성인 진입기 MZ세대의 '자아 성장'을 돕는다.

　성인 진입기의 시기는 생애를 형성하고 자아 정체성을 형성함과 동시에 영성을 형성하는 매우 중요한 과정이다. 신앙적으로 가장 큰 영적 돌봄과 사랑이 필요한 시기이다. 오늘날 성인 진입기의 MZ세대는 예측 불가한 불확실성의 삶 속에서 멘토링을 통해 영적 돌봄과 사랑 그리고 인정을 받게 되며 예수 그리스도를 만남으로 진리와 생명을 깨달으며 주님 안에서의 진정한 자아를 발견하게 된다.

　그래서 멘토링은 하나님과 더욱 친밀해지도록 자라게 하고 하나님의 사랑을 받는 사람이라는 정체성을 수용하며 하나님 나라의 책임을 다하도록 사람이 가진 잠재력과 가능성을 깨워주는 영향력 있는 방법 중 하나이다.[38] 이것은 영적 멘토링이 어떠한 틀이나 단계에 따라 이뤄지는 것이 아니라 멘토가 하나님과 자신 그리고 멘토가 멘티의 삶에 관심을 기울일 때 친밀한 관계 안에서 이루어진다.

36　Tim Elmore, 『멘토링』, 김낙환 옮김 (서울: 진흥, 2004), 21.
37　박안석, 『청소년 멘토링 사역』, 52-54.
38　Reese Raddy D, Keith R. Anderson, 『영적 멘토링』, 김종호 옮김 (서울: 한국기독교학생회, 2002) 46.

셋째, 영적 멘토링은 개인의 경험에 치우쳐있는 성인 진입기 '신앙 발달'을 돕는다.

성인 진입기는 생애를 형성하는 길을 찾는 데 있어 자기 개인적 경험을 우선적으로 근거하지 않도록 조언해 줄 대상이 필요한 시기이다.[39] 오늘날 현대 사회는 진리가 시간을 초월한 하나의 실재를 파악할 수 없다는 것에 동의하며 진리는 개인적이며 언제든지 변하고 재형성된다고 여기고 있다. 이러한 진리에 대한 가치관의 변화는 개인화된 종교성을 갖게 하였고, 성인 진입기 MZ세대로 하여금 자기 신념에 확신을 갖지 못하게 하거나 이전의 진리를 다 포기해 버리게 만드는 상황을 초래하였다. 이러한 모습은 지적 능력의 약함 때문이 아니라 객관적 진리를 얻을 수 없는 현대 사회 문화 안에서 형성된 것이다.[40]

팍스(Parks)는 현대 사회 문화 안에서 다양한 교육적 환경이 제 역할을 감당하지 못함으로 개인적이고 주관적인 신앙이 만들어졌음을 지적하며 성인 진입기의 청년기에 개별적이고 즉흥적인 방식으로서 중요한 결정을 내리고 있음을 보았다. 이러한 점에서 팍스는 멘토로서의 역할을 감당하는 성인들의 등장이 요청된다고 보았다. 이러한 점에서 멘토링 환경(Mentoring Environment)은 개인화된 신앙을 회복하며, 신앙의 성숙을 위한 좋은 대안이 될 수 있다.[41]

이러한 상황 속에서 영적 멘토링 공동체는 개인화된 신앙생활 속에서 무엇이 사실이고, 진실이며 옳은 것인지를 분간할 수 있는 명확한 안내자 역할을 할 수 있다. 인간은 사회적 존재로서 사회적 관계망 안에서 성장

---

39 Richard R. Dunn, 『이머징 세대를 위한 영적 멘토링』, 63.
40 Richard R. Dunn, 『이머징 세대를 위한 영적 멘토링』, 52.
41 Sharon D. Parks, *Big Questions, Worthy Dreams: Mentoring Young Adults in their Search for Meaning purpose, and Faith* New York: Jossey-Bass, (2000), 158-205.

하기에 인간의 성장을 위해서는 한 명의 교사가 아닌 그를 둘러싼 다양한 교육 환경 또는 공동체가 매우 중요하다.

성인 진입기의 사람은 이전 세대보다 더 많은 탐색을 하고 있다. 인터넷의 발달로 인하여 다양한 사람들과 사회 문화적 관계를 맺고, 일자리를 바꾸거나 교회를 이동하는 것과 같이 많은 변동이 일어난다. 아넷은 탐험과 불안정성은 맞물려 있다고 말한다.[42] 불확실한 미래가 계속되며 인생의 모호성과 복잡한 시대를 살아가는 MZ세대에게 영적 멘토링은 하나님이 주시는 비전을 잃지 않게 하며 끝까지 이 땅을 살아가는 소망을 가지고 인내하도록 돕는 역할을 하게 되므로 오늘날 MZ세대를 위한 적합한 신앙 교육의 모델이 될 수 있다.

3) 요즘 애들, 요즘 자녀를 위한 멘토링

성인 진입기의 영적 멘토링을 위한 연구에서 리차드 던(Richard R. Dunn)은 아넷의 성인 진입기의 청년을 가리켜 '이머징 세대'(Emerging Adulthood) 라고 부른다. 그는 성인 진입기의 이머징 세대를 위한 영적 멘토링에서, 멘토링의 역할에 대해 잘 설명하고 있다. 리차드 던은 영적 멘토링은 성령의 능력으로 누군가를 자신 안에 거하시는 그리스도의 신뢰나 순복 그리고 사랑에 더 깊게 연결되도록 도전하고, 북돋아 주며 지도하고 준비시켜 주는 관계로 설명한다.

특히, 리차드 던은 이 시대의 청년 멘토링을 위한 좋은 모델로 바울과 디모데를 제시한다. 바울은 디모데에게 있어 영적 아버지의 역할을 감당했고 때로는 멘토, 선교 파트너, 목회자, 영적 동반자로서 디모데와 생명을 다하는 관계를 형성했다. 바울은 코치였고 선생이었으며 아버지였고

---

42 Richard R. Dunn, 『이머징 세대를 위한 영적 멘토링』, 46.

친구였다. 바울은 그가 넘어지면 그를 잡아주기 위해 그는 거기 있었다.[43] 그는 인생 여정에 필요한 것을 공급했으며 디모데의 마음이 하나님 아버지를 향하여 형성하도록 애정을 가지고 돌보았다.

그리고 고린도전서 4장에서 디모데를 향한 바울의 자랑이 담겨있다. 바울과 디모데의 관계는 오늘날 청년들이 그리스도의 성숙한 제자가 되도록 격려하고 용기를 주며 진정한 관계를 세우는데 흥미로운 모습을 제공한다. 멘토는 그리스도의 생수의 강으로부터 수분을 섭취하면서 살아가는 것을 배우고 자신에게 흘러넘치는 생수를 다른 사람의 영적 여정에 쏟아부어 그가 그리스도와의 진정한 관계 속으로 들어가게 하는 것이다.[44]

이제 한국 교회는 MZ세대를 위해 영적 안내 역할을 해야 하며, 영적 멘토링으로서 도움이 필요한 청년들에게 시대를 살아가는 능력을 갖추도록 해야 한다. 이것이 오늘날 MZ세대를 향한 과제이다. 그 어느 세대보다 MZ세대는 직장에서도 부모의 역할을 해 줄 사람을 필요로 하며 도움이 필요할 때 순간 나타나는 슈퍼 맘 같은 어른들을 원한다.[45]

무엇보다 청년세대에게 가장 큰 문제는 이들에게 답을 가르쳐 주려고 하는 멘토는 많지만, 실제적인 고민을 상담하거나 이야기를 나눌 수 있는 멘토가 없다는 것이다. 이들에게 필요한 멘토는 부모처럼 이들을 격려하며 지속적으로 관찰하며 건강한 피드백을 주는 멘토이다. 이러한 점에서 리차드 던은 성인 진입기 세대와 팽팽한 평행선을 그으며 경계하기보다는 성인 진입기의 청년들과 인생의 담험을 함께 할 수 있는 멘토가 되라고 말한다.

필자는 가장 먼저 MZ세대의 등장을 예상하며 준비해야 하는 그룹으로 교회 공동체, 가정 공동체라고 생각한다. 교회 공동체를 예로 든다면, 한

---

43 Richard R. Dunn, 『이머징 세대를 위한 영적 멘토링』, 107.
44 Richard R. Dunn, 『이머징 세대를 위한 영적 멘토링』, 118.
45 Lynne C. Lancaster, 『밀레니얼 제너레이션』, 양유신 옮김 (서울: 더숲, 2010).

국 교회의 MZ세대라 할 수 있는 젊은 신학생들은 신학교만 졸업하면 출석하는 교회를 뒤로하고 아르바이트 전선으로 뛰어든다. 그래서 각 교회마다 전도사가 없다고 한다. 요즈음 교회마다 전도사님을 모시는 것이 하늘의 별 따기보다 어려운 시대가 되어버렸다.

이들을 바라보는 시선은 어떠했는가?

기성세대는 이러한 MZ세대를 바라보며 신학생으로서 받은 소명을 뒤로하고 세상 속으로 뛰어드는 것이라 손가락질했다. 이들을 향하여 생각이 없고 비전이 없고, 소명이 없다고 비난했다. 그러나 신학생도 전도사들도 MZ세대이다. 이들도 세상 젊은이들과 다르지 않다. 이들은 독특한 세대이며 역사상 가장 유능한 세대이며, 동시에 불안한 세대이며 애매한 세대이다.

한국 교회에 이들을 위한 멘토가 있었는지 자성부터 해야 한다. 교회마다 필요한 부속품처럼 신학생과 전도사들을 기능적으로 대하지는 않았는지를 점검해야 한다. 신학생들을 위해 진지한 고민 상담이 이루어지고 있는지 저들의 진로와 미래를 위해 애쓰며 힘써주는 동역자들이 있었는지 돌아보아야 할 때이다.

지금 신학교를 다니는 신학생과 교회에 소속된 전도사들은 더 많이 보고 배우며 느끼며 성장하고 싶은 MZ세대이다. 누구보다 인정받고 존중받으며 높은 자아실현을 꿈꾸는 세대이다. 기성세대는 이들을 향하여 세 가지를 주의해야 한다. 그저 탓하지만 말고, 야단만 치지 말고, 일만 시키지 말고 진지하게 저들의 이야기에 귀 기울이며, 고민이 무엇인지, 성장 가능성과 잠재력에 대해 멘토링 해야 한다. 교회 안에서도 쌍방향 소통이 필요한 시기가 온 것이다.

3. 멘토링을 위한 시스템

영적 멘토는 제자의 명백한 성장 영역과 숨겨진 성장 영역 그리고 성장을 방해하는 장애 요소를 알아내야 한다. '조해리 창'(Johari Window)이라고 하는 상호관계 인식모델은 우리가 네 개의 인식 차원에서 작동된다고 설명한다. 조해리의 창은 우리 인간의 내면에는 4가지 영역의 창이 있음을 확인하게 된다. 이 네 가지 프레임을 통해 우리는 의미 있는 멘토링을 이끌어 나갈 수 있다.

<표 5.2> 조해리의 4개의 창(Johari Window)[46]

	의식 영역	
공적 영역	열린 창 (Open Area) 나와 다른 사람에게 알려짐	보이지 않는 창 (Blind Area) 다른 사람에게 알려졌지만 나는 모름
	숨겨진 창 (Hidden Area) 다른 사람은 모르지만 나에게만 알려짐	미지의 창 (Unknown Area) 하나님께만 알려짐	사적 영역
	무의식 영역	

조해리의 창은 일반적으로 심리학에서 사용되는 이론이다. 대인관계에 있어서 자신이 어떻게 보이고 어떠한 성향을 가지고 있는지를 파악하기 위한 것이다. 이것을 '자기 인식' 또는 '자기 이해 모델'이라고 한다. 서로의 마음을 창문에 비유한 '관계 분석의 틀'은 다음과 같다.

---

46 Richard R. Dunn, 『이머징 세대를 위한 영적 멘토링』, 137.

첫째, 열린 창(Open Area)이다.

이것은 나도 알고 내 주위의 사람들도 알고 있는 영역이다. 나의 성격을 나와 내 주위 사람들이 알고 있는 것으로 숨길 것 없이 모두에게 알려진 영역이다. 영적 멘토링은 서로의 처지와 환경에 대해 공감하게 되고 마음을 활짝 열게 한다.

둘째, 보이지 않는 창(Blind Area)이다.

자신은 잘 알지 못하고 있지만 다른 사람들은 나에 대해 알고 있는 영역이다. 타인이 주는 피드백을 통해서 자기 인식이 높아질 수 있다. 청년들의 삶 가운데 자기의 모습을 알지 못하는 경우가 많이 있다. 청년들은 멘토링을 통해 자기 눈에 보이지 않던 감춰진 모습을 발견하게 된다.

셋째, 숨겨진 창(Hidden Area)이다.

이것은 감추어진 영역이다. 자신은 알지만 다른 사람에게 드러내지 못하는 부분에 해당된다. 쉽게 말하지 못했던 갈등과 상처 그리고 말하고 싶지 않은 비밀이나 내적인 욕망 그리고 민감하게 느끼는 감정에 대한 것이 여기에 포함된다.

넷째, 미지의 창(Unknown Area)이다.

이것은 아무도 모르는 알려지지 않은 영역이다. 이 부분은 오직 하나님께 달려있는 영역이며, 영적 멘토링을 통해 영적 멘토는 말씀과 기도를 통해 믿음의 눈을 뜨도록 돕는 역할을 할 수 있고, 멘티는 영적 멘토링을 통해 자신을 향한 하나님의 계획과 비전 그리고 무한한 가능성을 발견할 수 있다.

필자는 조해리의 창을 토대로, 4단계의 멘토링 기술을 설명하고자 한다.

1) 열린 마음으로 다가가기(Open Area)

변동성의 시대 영적 멘토로서 영적인 삶의 교환을 준비하고 행하는 가운데 추구해야 할 자세는 서로에게 공통되는 주제를 가지고 다가서는 것이다. 변동성의 시대, 흔들리는 상황 속에서도 MZ세대는 자신에게 관심을 가지고 다가오기를 원한다.

쌍방향의 소통을 위해 가져야 할 세 가지 자세는 다음과 같다.

첫째, 경청하기이다.

영적 멘토에게 경청은 하나님과 동시에 제자에게 집중하게 한다. 경청을 통해 멘토는 제자의 삶을 분별할 수 있고 그들의 요구를 파악하며 이머징 세대(Emerging Adulthood)의 삶과 이야기를 들을 수 있으며 하나님의 간섭과 속삭임에도 반응할 수 있다.

'굿 리스너'(Good Listener, 좋은 경청자)가 되기 위해서는 분별하며 듣기를 해야 한다. 잘 듣는 것이 중요한 것은 타인이 처한 상황을 이해하고 의미 있게 반응하기 위해서이다. 그래서 멘토는 멘티가 그러한 말을 하는 이유를 알기 위해 노력해야 하며 듣는 중간중간 내가 잘 듣고 있는 것을 보여 주기 위해 중간중간 질문을 던질 수 있어야 한다.

'이 문제를 어떻게 생각하고 있나요?'
'그 일을 겪고 나서 느낀 것이 있었나요?'
'당신의 생각은 무엇인가요?'

이와 같은 사람을 중심으로 하는 질문을 던질 때 상대방으로 하여금 내 말에 주의깊게 듣고 있다는 마음을 줄 수 있다. 또한 상대방이 했던 말을 반복함으로써 내 말을 주의깊게 듣고 있다는 느낌을 줄 수 있다.

이것을 미러링(Mirroring)효과라고 한다. 상대방이 전하는 핵심적인 단어를 사용해서 응답할 때 멘티는 마음의 위안을 얻을 수 있다.

둘째, 원하는 것이 무엇인지를 아는 것이다.

영적 멘토링을 진행할 때 멘토는 멘티를 중심으로 말의 속도, 대화의 주제, 관심사에서 보조를 맞출 수 있어야 한다. 이것은 제자의 말과 행동 그리고 그 너머의 것을 바라보면서 제자의 마음을 더 깊게 들여다보는 것이다. 이러한 과정 속에서 멘토는 멘티의 관심사와 고민 그리고 주어진 문제가 무엇인지를 알게 된다. 멘토에게는 시간적 투자와 친절함과 동시에 희생과 헌신의 자세가 요구되며 멘토링을 통해서 청년의 실제적인 삶의 현실을 들여다보고 많은 것을 느낄 수 있으며 MZ세대가 원하는 것이 무엇인지를 알게 된다.

셋째, 멘토는 마음을 열고 유연한 자세를 가져야 한다.

변동성의 시대, 흔들리는 갈대와 같은 MZ세대와 대화의 자리로 나아가기 위해서는 기성세대는 늘 유연한 자세를 가져야 한다. 전통적으로 멘토의 역할을 자처하는 이들은 일방적인 소통의 자세를 보여 주었다. 그 결과 소통이 단절되고 '꼰대'라는 소리를 더 많이 듣게 되었다. 일방적인 지시나 훈계는 능률이 있어 보이며 멘토가 원하는 모습을 얻는 것처럼 보인다. 그러나 진정한 변화가 일어나지 않는다.

MZ세대와의 소통을 위해서 아래와 같은 원칙을 두고 접근할 때 소통의 실마리를 찾을 수 있을 것이다. 직장 및 기업 그리고 공동체 안에서 소통 방식을 조율하는 가장 좋은 방법은 '내 생각은 정답은 아니다', '꼭 그렇지 않을 수도 있다'를 받아들이는 것이다. 사람마다 각자 자라온 배경이 다르고 나아갈 길도 다르기 때문에 '내가 정답이다'라는 마음을 내려놓고 소통을 위해서라면 '그럴 수도 있다'라는 생각을 가지고 이들과 협력 또는 협업의 관점에서, 상생할 방법을 논의하는 자세를 가져야 한다.[47] 이러한 자세는 상대방에게 믿음을 주며 마음을 열게 한다.

<표 5.3> 밀레니얼세대와 소통 시 해야 될 것 VS 밀레니얼세대와 소통 시 하지 말아야 할 것[48]

해야 할 것	하지 말아야 할 것
그들의 이야기를 경청하고 질문에 답변한다.	가혹하고 무례한 비판을 한다.
맡은 업무와 역할의 큰 그림과 초래될 결과를 설명한다.	교육 수준과 기여도를 무시한다.
격식보다는 융통성을 갖춘다.	무례하고 무시하는 투로 대한다.
새로운 아이디어와 변화에 마음을 연다.	개인 생활로 업무 능력을 판단한다.
	나이가 어리기에 자신감이 없다고 생각한다.

2) 일으켜 세워주는 멘토링 (Blind Area)

불확실성 시대의 영적 멘토링은 한 치 앞이 보이지 않는 MZ세대에게 새로운 목표와 비전을 세워 가도록 돕는다. 영적 멘토링은 상대방이 어떠한 상태에 있으며 앞으로 무엇을 준비해야 하는지를 파악해야 한다. 그때 멘티는 앞을 보지 못하는 상황 속에서도 불안하지 않고 다시 일어서게 된다. 이처럼 영적 멘토링은 사람을 일으켜주고 세워 주는 역할을 한다.

상대방을 일으켜 주는 멘토링을 위해서는 이렇게 해야 한다.

첫째, 잘하고 있는 부분을 먼저 칭찬해 주어야 한다.
멘티는 때로는 많은 사람의 평가를 두려워한다. 즉, 진정한 자기 자신의 모습을 알지 못하는 것이다. 그래서 멘토는 멘티의 있는 모습 그대로

---

47 박소영, 이찬, 『밀레니얼은 처음이라서』, 131.
48 박소영, 이찬, 『밀레니얼은 처음이라서』, 127.

를 비춰 주며 현재 잘하고 있는 모습을 먼저 말해 주어야 한다.
"핵심을 잘 짚고 있군요."
"아주 잘 선택했네요."
그러나 멘토가 칭찬에 인색하고 평가만 한다면 멘티는 쉽게 무너진다. 칭찬에서 출발하면 자기 잠재력을 알아봐 주고 자기 일의 가치를 인정해 주는 사람의 말은 꼭 경청하게 되어 있다. 상대방의 수고나 노력을 고마워하고 인정해 주는 멘토가 있다면 멘티는 어떠한 질책과 비판도 달게 받아들일 수 있다. 참고로 칭찬을 하기 가장 좋은 타이밍은 다음과 같다. '기대 이상의 결과를 얻을 때', '어려운 문제를 맡았을 때', '참신한 아이디어를 제공할 때', '헌신하며 수고할 때' 등이다.

또한, 칭찬에는 두 가지가 있다. 결과를 가지고 칭찬과 격려하는 방법이며 또 하나는 결과에 이르는 과정에 집중하여 칭찬해 주는 것이다. 상대방이 애쓰고 있는 과정에 집중하기 위해 멘토는 다음과 같은 말을 건넬 수 있다.

'그동안 고생 많았어!'
'시간이 많이 들었구나!'
'바쁜 시간에도 최선을 다했구나!'

이처럼 다른 사람들이 보지 못하고 알아 주지 못하는 일의 과정과 노력에 대해 칭찬할 때 더 큰 동기 부여가 일어날 수 있다.

둘째, 멘토는 의견보다 사실을 말해 주어야 한다.
멘티는 때때로 무엇을 잘했는지, 무엇을 못 했는지를 잘 모를 때가 있다. 그래서 늘 객관적인 근거 자료가 뒷받침되어야 한다. 사전 자료 없이 멘토링을 진행하다 보면 변수가 생길 수도 있으며 근거 자료가 빈약한 멘토링은 곧 감정적인 평가나 조언으로 이어질 수 있기에 상대방의 귀를 닫게 하는 요인이 될 수 있다.

MZ세대와 느끼는 거리감이나 세대 차이를 극복하기 위해서는 상대방이 가질만한 감정이 무엇인지 추측해 보고 이해하려고 해야 한다. 멘토는 솔직하게 멘티에게 다음과 같이 추측이 아닌 사실에 관하여 물어보면 된다.

'지금 어떠한 느낌인지 한번 말해 줄래?'

그리고 멘티가 말하는 감정에 대해 이렇게 느끼면 된다.

'그때 그러한 감정이었구나!'

더 나아가 이렇게 감정에 따른 행동에도 관심을 갖는다.

'그런 감정이 들었을 때 어떻게 했어?'

셋째, 과거에 지나간 일에 대해서는 더 이상 언급을 하지 말아야 한다. 왜냐하면, 흘러간 과거의 기준으로 오늘을 평가할 수 없기 때문이다. 과거로 돌아가 결과를 바꿀 수 있는 사람은 아무도 없다. 멘토링은 과거의 일을 가지고 '오늘을 살라'고 하지 않는다. 과거에만 집중된 멘토링은 멘티에게 무력감을 가져오게 된다.

또한, 과거의 일을 얘기하는 사람 앞에서 사람은 방어적이며 경계하는 태도를 갖게 된다. 객관적인 사실보다 주관적인 의견이 강조되는 멘토링은 본연의 의도와 다르게 멘티에게는 정서적인 학대로 비춰질 수 있음을 주의해야 한다. 그러므로 멘토는 늘 대화의 초점을 과거가 아닌 미래로 향하고 앞으로 이루어질 일에 대해 기대감을 갖고 대화해야 한다.

3) 숨겨진 가능성을 발견하기 (Hidden Area)

숨은 성장 영역에는 여러 가지 층들로 구성되어있으며 뿌리 깊은 습관, 깊이 자리 잡은 거짓말들, 세계관들, 추측들, 성격 문제 그리고 뿌리 깊은 두려움들은 숨은 성장 영역을 감추는 주범이다.[49] 리차드 던은 숨겨진 창을 숨은 성장의 영역, 표현 밑에 가려진 미개척 성장 영역으로 보았다. 그래서 영적 멘토는 숨겨진 영역(Hidden Area), 숨겨진 성장 영역에 많은 관심을 가져야 한다고 말한다. 왜냐하면, 기대하지 못했던 영적 성장의 영역이 숨은 영역를 통해 발견할 수 있기 때문이다. 숨겨진 가능성을 발견하기 위한 영적 멘토링의 방법은 다음과 같다.

첫째, 영적 멘토는 멘티가 자기 성장 가능성을 발견하도록 해야 한다.[50]
멘토링은 감추고 있는 사람의 마음을 드러내게 하며 과거의 아픔과 상처를 통해 성장을 가로막고 있던 장애물을 발견하는 것이다. 멘토링은 나도 모르는 잠재력을 확인하고, 내가 얼마나 중요한지를 깨닫게 한다. 제자들의 잠재성에 관하여 하나님의 뜻과 계획 그리고 비전을 보여 주어야 한다. 하나님의 능력 가운데 쓰임 받고 있음을 알게 하고 그리고 자기 자신을 긍정적으로 바라보면서 자기 능력 이상의 성취를 가져온다.
좋은 영적 멘토링이란 무엇일까?
상대의 잠재력과 가능성을 꺼내주는 것이다. 멘토링에 참여하는 멘토는 늘 성공 가능성에 대해 언급해야 한다. 그래서 멘토는 상대의 목표나 비전에 집중해야 한다. 왜냐하면, 멘토가 먼저 상대방의 비전이나 목표를 알아야 구체적으로 도울 수 있기 때문이다. 무엇보다 상대방의 비전을 위해 함께 고민하며 인생의 목표를 찾아가는 과정은 멘티에게 '내가 너와 같은 편에 있다'라는 마음을 얻게 한다. 비전은 목표 의식, 의무감, 보람, 성취와 관련이 있는데 성장을 관심으로 하는 MZ세대에게 비전은 매우 중요하게 작용한다.

---

49 Richard R. Dunn, 『이머징 세대를 위한 영적 멘토링』, 137.
50 Richard R. Dunn, 『이머징 세대를 위한 영적 멘토링』, 156.

MZ세대에는 건강한 비전과 목표 의식이 세워질 때 함께 성장할 수 있는 기회를 제공할 수 있다.

둘째, 영적 멘토는 문제보다 사람에게 집중해야 한다.

멘토링에서 사람에게 집중할 때 내가 누구인지를 확인하게 되고 내가 어떠한 정체성을 가지고 있는지를 확인하게 된다. 이를 위해서는 멘토는 멘티가 가진 문제를 분리시켜 문제의 편에 서지 않고 사람의 편에 서 있다는 확신을 주어야 한다.

자칫 멘토링이 '꼰대'처럼 보이는 것은 많은 멘토가 사람의 형편과 상황에 집중하지 않고 문제를 처리하는 데 있어 미숙함을 강조하고 실수와 잘못된 행동에만 집중하기 때문이다. 그것은 멘티에게 신뢰를 잃을 수 있는 행동이다. 멘토링에서 멘토는 이런 질문을 던져야 한다.

'당신의 생각은 어떠한지 궁금합니다.'

'당신은 그때 어떠한 마음이었습니까?'

이것은 상대로 하여금 꼭꼭 숨겨둔 속내를 고백할 기회를 가져다줄 수 있다. 그때 멘티의 마음속에는 이러한 반응이 일어날 수 있다.

'저분은 나를 생각해 주시는 분이네.'

'내 편에 서서 내 말을 들어 주시는 분이네.'

'저분은 나를 지지해 주시는 분이네.'

이렇게 생각하며 마음에 숨겨둔 아픔과 상처 등을 이야기하게 된다.

셋째, 멘토는 지금까지 성장했던 경험을 끼내 주어야 한다.

MZ세대는 성장에 대한, 자아실현에 대한 기대가 큰 세대이다. 멘토는 대화를 나누면서 멘티가 성공적으로 일을 하며 잘 했던 순간을 끄집어내어 성장할 수 있었던 그 비결을 물어볼 수 있으며, 그 능력을 칭찬할 수 있어야 한다. 또한 그 행동으로 인하여 조직이나 공동체에 기여했을만한 부분에 대해 이야기를 나누며 칭찬할 수 있어야 한다.

'그 일을 통해 분위기가 얼마나 좋아 졌을까요?'

'그 일을 통해 팀 사기가 더 올라갔을 것 같네요.'

이것은 상대로 하여금 힘을 불어넣는 기술이라 할 수 있다. 과거 기성세대들이 멘토링에 실패했던 이유는 다른 사람의 성공과 성장의 이야기에는 귀를 기울이지 않기 때문이다. 결과만을 듣기를 원하고 그 과정이나 번뜩이는 아이디어에는 별 관심이 없다면 멘토링은 자기 성장 가능성을 이야기하기보다 평가만 받는 시간이 될 수 있다. 멘토가 성장 가능성에 주목하여 대화를 시작할 때 멘티는 과거에 잘 해냈던 좋은 경험을 떠올릴 수 있고 잊었던 성장에 대한 자극을 되살릴 수 있게 된다.

이처럼 MZ세대를 위한 멘토링이 과거보다 미래에 초점을 맞추어 나아갈 때 멘티는 이전보다 더 주도적인 자세를 갖게 될 것이며 과거 실패의 원인과 결과에 집착하기보다 새로운 목표를 발견하게 될 것이다.

4) 하나님과 연결하기 (Unknown Area)

하나님은 멘토를 통해 일하시기도하지만, 본질적으로 하나님은 우리 인간을 변화시키며 변화를 끌어 내시는 분이시다. 그래서 멘토는 늘 하나님께서 함께하고 계심을 늘 기억하도록 하고, 미지의 세계를 열어주시는 성령님을 의지하여 기도의 자리로 나아가도록 점검해 주어야 한다. 하나님보다 앞서가고 있지 않은지, 내가 하나님을 대신하고 있지 않은지를 돌아보게 한다. 미지의 세계에 하나님의 뜻을 분별하고, 하나님의 계획에 대해 묵상하기 위해 효과적인 전략들은 다음과 같다.

첫째, 말은 적게 하고 잠시 멈추는 시간을 갖는 것이다. 이것은 하나님의 지혜에 대한 신뢰를 표현하는 방법이다. 영성 일지를 쓰며 하나님이 주시는 마음들을 기록해 나아가는 것이다. 일지를 통해 하나님의 마음, 하나님의 뜻 그리고 하나님의 인도하심과 하나님의 격려가 무엇이었는지를 살펴볼 수 있다. 또한 하나님께 더 집중할 수 있도록 음식, TV 시청, 개인의 취미 생활을 절제하며 하나님이 음성을 통해 지혜를 구하는 데 온 힘을 쏟아야 한다.

이러한 과정을 통해 멘티는 하나님을 이 세상에서 가장 신뢰하는 분으로 여기게 되고, 주님과 연결되어 있다는 믿음으로 세상을 바라보게 할 수 있다. 멘티가 하나님께 온전히 집중할 때 이러한 전략은 하나님을 온전히 경험하게 하며 주님 안에서 건강한 정체성을 갖게 한다.[51]

둘째, 영적 멘토는 영적으로 곤고한 상황에 처한 이들에게 늘 영적 상황에 맞는 진리의 말씀으로 그들의 문제를 연결해주는 전략을 세워야 한다. 하나님의 말씀을 의도적으로 그들의 상황과 연결해 주어야 한다. 영적 멘토들은 다음과 같은 의도적 행동을 통해서 제자들이 하나님의 뜻을 이루어 나갈 수 있도록 도울 수 있고, 멘티가 하나님께 귀 기울이며 스스로 미지의 세계를 헤쳐 나갈 수 있게 한다.

<표 5.4> 하나님과 더욱 깊은 소통을 위한 의도적 행동[52]

- 고칠 점을 말씀에 근거하여 알려주기
- 비 진리에 하나님의 말씀으로 대항하기
- 그들의 잠재력을 말씀을 통해 불러내기
- 그들이 현실을 재정의하도록 말씀을 기준삼기
- 그들의 삶을 위해 비전을 세우도록 말씀 전하기
- 그들을 특정한 기술들로 훈련하기
- 그들과 함께 진리를 추구하기
- 그들과 함께 승리를 축하하기

---

51 Richard R. Dunn, 『이머징 세대를 위한 영적 멘토링』, 164-176.
52 Richard R. Dunn, 『이머징 세대를 위한 영적 멘토링』, 152.

하나님의 말씀을 연결하는 멘토링의 의도성은 때로는 부자연스럽게 다가올 수 있고 영적 긴장을 낳을 수 있다. 그래서 멘토링은 의도한 대로 되지 않더라도 늘 유연한 태도를 가지고 있어야 하며 멘티가 끝까지 하나님의 뜻을 따르며 그리스도를 따르는 삶을 살아가도록 늘 돌보며 기도해야 한다.

셋째, 영적 멘토는 청년들이 겸손하게 하나님께 의존하고 하나님의 백성과 상호 의존하도록 도와야 한다.

영적 멘토링을 통해 멘티 스스로 하나님의 뜻을 수용하며, 하나님의 사랑과 돌봄을 받아들이도록 해야 한다. 그때 멘티는 하나님의 애정과 돌봄 안에서 궁극적 만족을 얻을 수 있다. 멘토에게서 가장 큰 기쁨은 멘티가 하나님께로 돌아오며, 하나님 앞에 순복하는 것을 바라보는 것이다.

이를 위해 영적 멘토는 제자들이 하나님의 지혜를 신뢰하도록 끝까지 인도하며 하나님께 초점을 맞추도록 해야 한다. 그때 제자들은 하나님의 말씀과 그의 세계 속에서 진리를 보게 된다. 또한, 멘토의 지혜보다 하나님의 지혜를 깨닫고 하나님을 더욱 신뢰하도록 돕는 것이 영적 멘토링의 최종 목표이다.

제6장

MZ세대 정체성 형성을 위한 '뷰카'(VUCA) 멘토링

필자는 아넷의 성인 진입기 이론에 따라 영적 멘토링이 MZ세대에게 미치는 효과를 입증하기 위해 4명의 청년과 진로 탐색을 위한 영적 멘토링을 인터뷰 형식으로 진행하였다. 현대 사회의 특징인 '변동성'(Volatility), '불확실성'(Uncertainty), '복잡성'(Complexity), '모호성'(Ambiguity)을 뜻하는 영어 단어의 앞 글자에서 '뷰카'(VUCA) 멘토링이라는 명칭을 부여하였다. 아넷은 성인 진입기 정체성 형성을 위한 탐색의 주제로, '일', '사랑', '가치관'의 형성을 논했다.

본 연구는 청년에게 있어 가장 시급한 '일'을 주제로 진로 정체성 형성을 위한 영적 멘토링을 진행하였다.[1] 인터뷰에 응해준 참여자는 아래와 같다. 이들은 20대에서 30대에 이르는 MZ세대이다.

<표 6.1> VUCA 멘토링 참가자 현황

이름	연령	성별	학력	직업	가정 신앙 배경
1번 참가자	24	남	대학 휴학	계약직근무	모태 신앙
2번 참가자	36	여	대학 졸업	플로리스트	모태 신앙
3번 참가자	33	여	대학 졸업	연구원	모태 신앙
4번 참가자	26	여	대학원 재학	조교	모태 신앙

---

1 본 연구를 위해 VUCA 멘토링은 2022년 6월 한달간 온라인 <ZOOM>을 통해 진행하였다.

본 연구의 인터뷰는 영적 멘토링의 효과를 입증하기 위해 아넷의 성인 진입기 이론을 근거로 영적 멘토링을 기술한 리차드 R.던(Richard R .Dunn)과 재나 L. 선던(Jana L. Sundene)의 영적 멘토링의 기법에 따라 진행하였다. 리차드 던의 영적 멘토링은 크게 세 부분으로 진행된다.

첫째, 분별하기이다.

분별하기는 청년들이 처해있는 상황을 이해하고 의미 있게 반응하기 위해 필요한 과정으로 시간, 기도, 기다림과 경청의 자세가 요구된다. 이 단계에서 멘토는 멘티의 영적 상태를 파악하게 되고 옛 어른 세대로부터 결핍과 사회생활 및 가정에서 부족함을 발견할 수 있다.

둘째, 의도하기이다.

본 연구에서는 현대 사회의 변동성, 불확실성, 복잡성, 모호성에 대응하는 신앙 교육론을 수립하였으며, 실질적인 영적 멘토링을 위해 일과 영성에 관련된 신학자 및 목회자(팀 켈러, 오스 기니스, 고든 맥도널드, 폴 스티븐스)의 저서를 참고하여 신앙 교육안을 구성하였다.

셋째, 성찰하기이다.

멘토는 성령께 집중하며 하나님의 음성에 귀 기울이며 멘토링을 진행하였으며 경청의 자세를 통해 정체성의 형성 과정을 지켜볼 수 있었다.

본 연구자는 '조해리의 창'의 '숨겨진 영역'과 '미지의 영역' 두 부분에 집중하여 멘토링을 실시하였으며 그 결과 자기 성장을 가로막는 요소를 발견하고 성장의 가능성을 확인할 수 있었다. 그리고 '미지의 영역'을 통해 하나님의 계획에 대해 깨달음을 얻을 수 있었다.

<표 6.2> MZ세대 정체성 형성을 위한 신앙 교육론

현대 사회 특징	변동성 (Volatility)	불확실성 (Uncertainty)	복잡성 (Complexity)	모호성 (Ambiguity)
성인 진입기 특징	자기 초점적 시기	불안정의 시기	가능성의 시기	끼어있는 시기
영적 멘토링 교육적 토대	오스 기니스 소명론	팀 켈러 일과 영성	고든 맥도날드 내면세계의 질서와 영적 성장	폴 스티븐스 일과 신학
교육론 / 신앙 정체성	① 하나님의 형상을 회복하라 (창1:26). ② 하나님의 자녀됨을 확인하라 (벧전 2:9).	① 십자가는 하나님의 사랑에 대한 확실한 증거 (롬5:8). ② 부활은 하나님의 능력에 대한 확실한 증거 (벧전1:3).	① 하나님께 모든 것을 맡기라 (벧전5:7). ② 기도와 간구를 통해 일하시는 하나님을 보라 (빌4:6). ③ 안식으로 하나님의 일을 기뻐하라 (빌4:4).	① '이미'와 '아직' 사이에서 오직 하나님께만 소망을 두라(마5:3). ② 현실과 이상의 틈속에서 인내하라(마5:10). ③ 종말에 대한 확신으로 소명의 삶을 살라(막 1:15).
교육론 / 진로 정체성	① 하나님은 내 삶의 목적을 아신다. ② 하나님은 다양한 역할로 부르신다. ③ 하나님의 필요를 찾고 구하라.	① 우리를 위해 일하시는 하나님 ② 하나님이 허락하신 일은 모두가 존귀하다. ③ 일을 통해 이웃을 섬겨라.	① 세상을 쫓지 말고 사명을 쫓으라. ② 사명이 우선이 되게 하라 ③ 쉼을 통해 사명을 회복하라.	① 이곳에서 부르심의 소명을 이루라. ② 기도와 말씀으로 하나님의 뜻을 구하라. ③ 세상이 아닌 천국에 마음을 두라.

1. 변동성 시대를 사는 MZ세대의 멘토링

1) 변동성 시대를 위한 신앙 교육

한국 사회는 지난 반세기 동안 정치적, 경제적, 역사적으로 매우 급변하는 시대를 맞이했다. 한국 사회의 정권이 뒤바뀔 때마다 정치권은 요동을 치며, 경제의 위기를 겪을 때마다 물가가 급변하며 지정학적으로 한국과 북한 그리고 중국과 일본은 늘 급변하는 국제정세를 통해 늘 긴장 속에 있다.

이러한 다양한 변동성 속에서 한국 교회가 현대 사회에 제시할 수 있는 영적 비전은 하나님의 사랑이다. 포스트 코로나 시대를 준비하는 우리에게 변함없는 하나님의 사랑은 외부 환경의 변화와 급변하는 생활 속에서도 우리가 붙잡아야 할 영원한 진리이다.

본 연구는 MZ세대를 위한 신앙 교육론으로서 변함없는 하나님의 사랑에 관한 교육론을 다음과 같이 전개하려고 한다. 무엇보다 변동성 시대의 인간은 하나님의 형상으로 지음받은 존귀한 자임을 기억해야 한다.

> 하나님이 이르시되 우리의 형상을 따라 우리의 모양대로 우리가 사람을 만들고 (창 1:26).

인간은 하나님의 형상으로 지음 받았기에 부족함이나 모자람 없이 창조되었다. 그래서 인간은 모두가 하나님의 자녀로서 존중받고 사랑받을만한 자격을 얻었다. 자아 존중감이란 내가 가장 소중하고 가치 있는 존재이며 스스로 유능하다고 믿는 긍정적 마음이다. 나를 지으신 하나님의 위로와 격려, 하나님의 사랑만이 나의 자존감을 높여준다. 변동성의 시대에 흔들리지 않는 비결은 오로지 나를 향한 변함없는 하나님의 사랑에 있다. 세상이 요동칠 때마다 "나는 하나님의 형상으로 지음 받은 자이다"라고 고백해야 한다. 세상 모든 것이 변할지라도, 하나님의 사랑은 변하지 않으며, 그 사랑을 받는 나는 무엇에 쉽게 변하지 않는 사람이 될 수 있는 것이다. 이처럼 인간은 세상 속에서 이루어낸 업적이나 성과를 통해 존중받는 것이 아니라 하나님의 자녀 그 자체만으로도 존중 받기에 충분한 자격을 갖는다.

> 너희는 하나님이 택하신 백성이며 왕 같은 제사장들이요 거룩한 나라요 하나님의 소유가 된 백성이니 이는 너희를 어두운 데서 불러내어 그의 기이한 빛에 들어가게 하신 이의 아름다운 덕을 선포하게 하려 하심이라 (벧전 2:9).

또한, 하나님의 자녀는 예수님 안에서 결코 정죄함이 없다는 사실을 깨닫는 것이 중요하다. 사회생활을 시작하는 MZ세대는 대인관계에 어려움을 겪게 되는데 연구 결과에 따르면 대인관계 및 전통적인 사회 구조 안에서 많은 이들이 자존감의 상실과 같은 부정적 영향을 받고 있다.[2] 더 나아가 개인의 취향이나 성향을 비판받을 때 존중받지 못한다고 느낀다고 말한다.[3]

이처럼 일을 통해 자기 자신의 낮은 자존감을 갖는 사람들은 끊임없이 일을 통해 자기 자신을 확인하려고 하며 성취감을 얻으려 하며 낮은 자존감을 극복하기 위해 인정받고자 일에 과도하게 몰두하는 모습으로 나타난다. 그 결과 많은 스트레스와 업무의 피로에 시달리게 된다.[4]

이러한 상황 속에서 오직 하나님의 사랑만이 인간에게 위로가 된다. 하나님은 인간을 지으셨으며 인간의 모든 형편을 아시며 인간의 모든 것을 예수 그리스도로 말미암아 용납하시고 사랑하신다. 이러한 변함 없는 약속은 세상이 줄 수 없는 위로가 되며, 인간에게 있어 자존감의 기초가 된다. 그러므로 변함없는 하나님의 사랑에 근거를 둔 인간은 주님 한 분만으로 만족한 인생을 살게 되므로 세상 다른 무엇을 구하려 애쓰지 않는 인생, 더 나은 삶을 위해 경쟁하지 않는 자로 거듭나게 된다.

로마서 12장 5절에서 6절 말씀을 보면, "이와 같이 우리 많은 사람이 그리스도 안에서 한 몸이 되어 서로 지체가 되었느니라"고 말씀한다. 인간은 측량할 수 없는 무한한 사랑을 받은 자로서 그분의 사랑을 더 받기 위해 경쟁할 필요가 없으며 하나님의 형상으로 지어진 나 자신을 대신할 사람이 없으므로 다른 무엇도 부러워하거나 나와 다른 사람들을 경쟁상대로 여기지 않고 다른 사람의 사랑과 인정을 받기 위해 행동할 이유가

---

2 김미라, 『밀레니얼 일, 말, 삶』 (서울: 좋은땅, 2020), 27.
3 김미라, 『밀레니얼 일, 말, 삶』, 28.
4 곽주현, 최한나 "한국 직장인의 일 중독 유형에 따른 자존감과 심리적 소진의 차이," 「상담학 연구」 제16권 제3호 (2015년): 142.

없다. 세상에서 얻는 평안은 사람과의 관계, 물질을 소유하거나 소비하는 행위 그리고 세상에서 얻는 지위와 역할을 통해 온다고 믿고 있다. 그러나 흔들리는 세상에서 오는 자존감은 영원할 리 없다.

그래서 이제는 나 자신을 남과 비교하는 일을 멈추어야 한다. 또한, 남들처럼 따라 하기를 좋아하다가는 현대 사회에서는 깊은 절망에 빠지기 쉽다. 하나님의 형상으로 지음 받은 자는 자기 특별함을 날마다 묵상해야 하며 나를 향한 주님의 사랑을 마음에 새길 때 하나님의 사랑 안에서 올바른 자아상을 형성할 수 있다. 하나님의 형상으로 지음 받은 인간이 하나님의 자녀로서, 하나님만을 의지할 때 요동치는 사회에서 결코 흔들리지 않는 삶을 살아가게 될 것이다.

2) 진로 정체성 형성을 위한 오스 기니스(Os Guinness)의 멘토링 "소명"

청년들은 성인 진입기가 되면 당면한 상황과 결정을 내려야 하는 일들로 갈등과 위기를 경험하게 된다. 처음으로 직업의 방향을 선택해야 하며 '나는 무엇을 해야 하는가', '나는 어떤 길로 가야 하는가'에 대한 질문을 떠올린다. 오늘날 사회 문화의 변동성이 있다 하여도 인간은 하나님이 부르시는 목적을 위해 살도록 부름 받았다는 확신이 생길 때 더 이상 방황하지 않게 된다.

이처럼 하나님이 의도하신 그 일을 하도록 부름을 받는 것을 소명이라고 하며 그 소명대로 살아갈 때 인간은 태어난 목적, 인생의 목적을 발견하게 된다. 창조된 인간의 마음속에는 하나님의 부르심대로 살아가고자 하는 내적인 갈망이 있으며 하나님의 목적대로 살고자 하는 충동을 느끼며 살아간다.[5]

---

5   Kevin & Kay MarieBrennfleck, 강선규 옮김, 『부르심에 합당한 삶을 위한 소명찾기』 (서

성인 진입기는 자기 인생길을 찾고자 하는 내적 충동이 강하게 일어나는 때이다. 그리고 소명 의식을 형성하여 나아가는 뜻 깊은 시기이다. 그래서 필자는 변동성의 시대 가운데에서 흔들리지 않는 인생을 살기 위해 오스 기니스의 '소명'을 통해서 성인 진입기의 MZ세대를 멘토링하고자 한다. 그 내용은 다음과 같다.

첫째, 하나님은 인생의 목적이 되어 주신다.

하나님은 변함이 없으신 분으로서 우리에게 흔들리지 않는 절대 좌표가 되어주신다. 변동성이 많은 세상 속에서 사회가 주는 목표는 인간의 삶에 절대적인 목표가 될 수 없다. 우리에게는 어떠한 상황 속에서도 흔들리지 않는 절대 좌표가 필요하다. 이러한 점에서 소명은 절대 좌표이신 하나님께 나아가는 것을 우리의 본질적 목적으로 사는 것이다.[6]

성인 진입기는 성인이 되고자 하는 길을 걸어가는 시기이다. 그 길을 걸을 때 목표지점의 절대 좌표와 방향이 분명하다면 우리는 세상의 변동성에 굴하지 않는 믿음의 견고한 사람이 될 수 있다. 그래서 성인 진입기 시기는 하나님이 불러주시는 절대 좌표를 찾는 시기이며 그 목적을 향하여 나아가야 하는 때이다.

둘째, 하나님은 우리를 하나님의 자녀로 부르셨다.

우리는 어떠한 일로 부름을 받기 이전에 먼저 어떠한 분에게로 부르심을 받았다. 성인 진입기는 나를 부르시는 하나님을 만나는 시기이다. 우리 인생에는 하나님이 우리를 왜 부르셨는지에 대한 질문과 마주하고 해답을 찾는 과정이 필요하다.[7] 이것을 오스 기니스는 '1차 소명'이라고 한다.

울: IVP 2009), 21.
6 도현명 외 심센터, 『소심청년, 소명을 만나다』 (서울: 토기장이, 2019), 19.
7 도현명 외 심센터, 『소심청년, 소명을 만나다』, 19.

하나님은 인간을 창조하셨으며 우리의 강점과 약점을 아시고 우리의 두려움도 알고 계신다. 그러나 하나님은 우리가 어떠한 일을 통해서 생산하고 성취하는가보다 '우리가 어떠한 존재인가'에 따라 우리를 평가하신다. 하나님은 인간을 하나님의 자녀로 거룩한 백성으로 부르셔서 믿음을 통해 구원 얻게 하신다.

그때 우리는 하나님과 새로운 관계 안에서 새로운 존재가 되고 새로운 삶을 살아갈 수 있게 된다. 왜냐하면, 하나님이 계획하신 특별한 일들을 할 수 있도록 우리를 준비시키시며 능력을 부여하기 때문이다.[8]

일차적 소명이 분명한 사람은 직장을 잃거나 직장을 구하지 못하여 실망하지 않는다. 일차적 소명이 분명한 사람은 나의 어떠함에도 개의치 않는다. 자기 정체성이 직장이나 커리어나 연봉에 있지 않고 하나님과의 관계에 그 정체성을 두기 때문이다. 성인 진입기 시기 MZ세대에게 중요한 것은 어떠한 변동성에도 흔들리지 않는 소명 의식을 갖는 것이다.

셋째, 하나님은 우리를 다양한 역할로 부르셨다.

하나님은 우리를 주님의 나라를 위해 함께 목적을 성취해가는 동역자로 부르셔서 다양한 과업과 삶의 역할들을 맡겨주신다. 이러한 역할에는 부모의 역할, 배우자, 직원, 학생, 교회의 다양한 구성원으로, 신분으로, 부르시는 데 이것을 오스 기니스는 '이차 소명'이라고 말한다. 무엇보다 이차 소명은 일차 소명을 잘 감당할 수 있는 환경을 제공해 준다. 이차 소명을 위해 하나님은 은사를 주시며 인간을 소환하신다. 그래서 직업적 소명을 분명히 하면 어떠한 상황에도 유연하게 대처할 수 있게 된다.

이렇게 이차 소명을 감당하는 것은 하나님의 부르심에 대한 우리의 반응이 되고 인간을 부르시는 하나님 앞에서의 응답이 되는 것이다. 수많은 청년이 취업을 준비하면서 스스로 너무 늦었다고 생각하는 경향이 있다.

---

8 Kevin &Kay MarieBrennfleck, 『부르심에 합당한 삶을 위한 소명찾기』, 35.

현대 사회의 변동성은 우리가 가진 생각과 마음을 늘 흩어놓기에 MZ세대는 절망과 후회에 빠질 수도 있다. 그러나 염려하지 않을 것은, 하나님은 우리가 살아왔던 모든 것, 우리의 삶과 일해온 경험, 성공과 실패, 강점과 약점, 과거와 현재와 미래를 모두 취하셔서 그분의 목적과 유익을 위해 사용하시는 분이시다.[9]

그래서 내가 이 순간까지 무엇을 했느냐는 중요하지 않다. 하나님은 이 세상에서 그분이 이루시는 위대한 역사의 한 페이지가 되라고 부르시며 인간을 창조하면서 의도하셨던 사람이 되라고 부르신다. 오직 하나님께만 소망을 두며 주님과 함께 더불어 일하라고 하시는 주님의 부르심에 응답할 때 인간은 인생의 목적을 발견할 수 있다.

넷째, 하나님께 집중하면 절대 포기하지 않는다.

성인 진입기 시기는 자기 초점이 분명한 시기이다. 자기중심 그리고 자기를 사랑하며 자기를 돌보며 자기를 챙기는 세대가 MZ세대이다. 그러나 소명을 찾는 이는 결코 자기를 중심으로 살아갈 수 없다. 소명을 찾는 이는 나침반의 진북과 같이 늘 하나님이 주시는 목적을 향하여 나아가기 때문이다. 그래서 초점을 하나님께 고정시키고 나아가면, 하나님은 나의 필요를 채우는 인간에서 세상의 필요를 채우는 인간으로 변화시켜주신다.

하나님이 주신 은사는 하나님이 태초부터 설계하신 것이며 하나님은 인간에게 주신 은사를 통해 원하고 바라는 일들을 주님의 뜻 가운데 인도하신다. 인간은 맡겨주신 은사를 통해 세상을 유익하게 하며 주님께 영광을 돌리는 데 사용할 수 있게 된다. 하나님은 우리에게 은사를 주심으로 자기만족을 취하지 않고 섬김의 삶을 살아가라고 말한다. 오스 기니스는 하나님이 당신을 부르는 자리는 당신의 큰 즐거움과 세상의 깊은 필요가 만나는 자리라고 설명한다.

---

9 Kevin & Kay MarieBrennfleck,『부르심에 합당한 삶을 위한 소명찾기』, 30.

3) 변동성 시대를 사는 MZ세대를 위한 멘토링 결과[10]

인터뷰를 통해 멘토링에 참여한 네 명의 참가자는 모두 변동성의 시대에 공감했다. 변동성 시대를 사는 MZ세대는 갑작스럽게 찾아온 변화의 모습을 묻는 질문에 다음과 같이 대답했다.

1번 참가자: 저는 대학에 1학기 다니다 갑작스럽게 군대에 간 것이 저에게 찾아온 큰 변동인 것 같아요. 입대의 시기를 예측할 수 없었는데 입대를 결정하게 되었어요. 아마, 저랑 비슷한 청년들도 주변에 많은 것 같아요.

2번 참가자: 저는 누구보다 코로나로 인하여 갑작스러운 실직을 당하게 된 경우에요. 당황스러웠고, 많이 지쳤었고, 자존감도 많이 떨어지는 것 같았고요. 그리고 기도가 가장 절실했어요.

3번 참가자: 저는 오래전 대학에 들어갔을 적에 졸업하자마자 취직이 되어 사무직으로 근무했었는데, 거기서 생겼던 마음의 변동이 제일 컸던 것 같아요. 그때 직장 상사를 잘못 만나서 제가 더 힘들었던 것 같아요. 하루하루가 너무나 힘들었어요.

---

10 필자는 현대 사회의 예측할 수 없는 변동성의 시대를 살아가고 있는 청년들에게 연구 질문을 통해 MZ세대 청년들이 처해진 상황을 파악하고자 했다. 연구 질문은 다음과 같다. 1) 내 삶 가운데 예측할 수 없는 상황이 찾아온 적이 있나요? 2) 극단적으로 처한 환경과 상황이 뒤바뀐 경험이 있나요? 3) 예측 불가한 변화가 일어나는 데 있어 흔들리지 않고 살아가는 방법이 있다고 생각하시나요? 4) 학교 및 직장에서 자존감이 낮아질 때는 언제인가요? 5) 하나님이 나를 이곳으로 부르신 목적이 있다고 생각하시나요? 6) 더 나은 삶을 위해 내가 노력해야 할 것은 무엇이라고 생각하시나요? 인터뷰는 온라인 ZOOM 미팅으로 진행하였다.

4번 참가자: 항상 예측할 수 없는 삶을 살아가고 있는 것 같아요. 처음에 간호사로 일할 때 생사를 넘나드는 삶 속에서, 하루하루 예측할 수 없는 그러한 삶이었던 것 같아요. 수십 명의 환자들로 둘러싸인 그러한 현장에서 늘 불안했고 무서웠어요.

모든 참가자는 대학 및 직장생활에 크고 작은 변동성을 동일하게 경험하고 있었으며 급변한 상황에 대처하지 못하여 불안과 두려움을 겪을 수밖에 없었다. 이러한 변동성의 시대를 살아가며 흔들리지 않는 방법이 있는지에 대해 다음과 같이 대답하였다.

1번 참가자: 저는 사람들에게 인정받고 칭찬받을 때 안정감이 생기는 경우가 많이 있어요. 그런데 고등학교 때 운동하면서 다른 선수들과는 달리 코치에게 사랑이나 돌봄을 받지 못했다고 생각이드니깐, 그때 자존감이 많이 떨어졌던 것 같아요. 하루하루, 다른 선수와 비교하고 경쟁하는 삶이 저에게는 많이 부담되었던 것 같아요.

3번 참가자: 저는 힘들고 지칠 때 일찍 퇴근해서, 시간 되는대로 금요 성령 집회를 찾아갔어요. 그렇게라도 해야 제가 살 것 같았거든요, 제 마음에 변동이 찾아오고 심란할 때 교회에 나가서 기도하거나 예배드리는 것으로 마음에 안정감을 찾고자 했어요.

4번 참가자: 힘들고 지칠 때 울면서까지 간호사로 일하면서 다시 대학원에서 진학하여 공부를 계속하는 것을 보면 하나님이 주신 비전이 확실하다고 느끼고 있어요. 아무리 힘들더라도 하나님이 주신 비전이 분명하다 보니, 하루하루 버티게 되는 것 같아요.

MZ세대들은 하루하루 변동이 잦은 인생 속에서 몰랐던 자기 모습을 발견할 수 있었다. 참가자들은 변동성의 시대에 자신이 정해놓은 가치관과 신념을 붙들고 살아가려고 했다. 외부로부터 오는 인정과 사랑을 받으며 살아가고 있었고 힘들고 어려움이 찾아오는 매 순간, 하나님의 비전을 새롭게 확인하며 하나님을 믿는 신앙을 더 붙잡기 위한 움직임이 있었다.

(1) 다른 사람에게는 알려지지 않은 나의 모습 (Hidden Area)

본 연구는 영적 멘토링을 통해 참가자들이 다른 사람에게 보이지 않은 감추어진 내면을 대화로 확인할 수 있었다. 숨겨진 영역을 통해 필자는 변동성의 시대에 참가자들의 성장을 가로막는 장애물과 같은 요소들이 무엇이 있었는지를 깨닫게 되었다. 고독과 외로움, 자기 일에 대한 엄격한 잣대 그리고 오늘의 삶에 소망을 발견하지 못하는 것은 청년들의 성장에 장애물이 되었음을 확인하였다.

> **1번 참가자**: 조금씩 공허함이 찾아올 때가 있어요. 사람으로부터 관계 안에서 받고 싶은 마음이 있는 것 같아요. 친한 사람과 교제하여도 여전히 채워지지 않은 무언가가 있다고 생각해요. 지금 당장 재밌고 행복해도 … 시간이 지나면 금세 외로움이 밀려오고, 허무함이 해소되지 않는 것 같아요.

> **2번 참가자**: 저의 가장 큰 고민은 일과 신앙의 밸런스를 유지하는 것이 너무나 중요한 것 같아요. 그런데 삶 속에 코로나와 같은 변동성이 많은 일들이 생기다 보니 일이나 신앙생활에서도 많이 힘들었던 것 같아요. 저에게는 일과 신앙에서 있어 다 잘하고 싶은 마음이 있거든요. 저는 유독 저 자신에게 가혹하리만큼 어떠한 일에서도 잣대를 세우고 그 기준에 부합하려고 노력하고 있어요. 그때 마음이 평안해지거든요.

3번 참가자: 저는 이직을 계속 준비하고 있어요. 여기가 최종 목적지가 아니고, 제 삶에 변화를 주는 것이 게으르지 않은 것 같고 평안함을 주시는 방향으로 나아가고 싶어요.

참가자들은 자신이 가지고 있는 결핍의 요소가 성장의 장애물이라고 여겨왔다. 물질적으로 열악한 상황, 외로움과 고독을 느끼고 있었다. 그리고 스스로 엄격한 잣대를 세워 자기 삶을 통제하고 균형을 갖추고자 했으나 일과 신앙에 있어 균형 잡히지 않은 삶에 의해 지치고 있었다. 균형을 이루지 못하여 항상 일과 신앙에 있어 균형을 갖는 것이 이상적이라 생각했다. 또한, 변동성의 시대에 무조건 자리를 옮기며 살아가는 것이 답이라 여겼다. 그러나 이들은 흔들리는 세상 속에서 공동체를 통해 격려와 지지를 받았다고 말했으며 하나님의 뜻을 구하며 하나님을 신뢰함으로 변동성의 시대를 살아가고 있었다.

1번 참가자: 교회 안에 있으면 공동체 안에서 이러한 생각이 들 때가 많이 있었어요. 나를 믿어주는구나, 나를 생각해 주는구나, 나를 사랑해 주는구나, 나를 필요로 하는구나, 그래서 저에게는 교회 공동체가 너무 중요한 것 같아요.

2번 참가자: 교회 안에서, 공동체 안에서 도움을 많이 받았던 것 같아요. 혼자였다면 감당하기 어려웠을 것 같아요. 같이 기도하자고 해주던 청년들이 정말 고마워요. 저는 오히려 코로나 때문에 신앙생활에 더 집중할 수 있었던 것 같아요.

4번 참가자: 지금 제가 일하고 있는 현장을 보면 기독교인이 저 혼자밖에 없어요. 나를 여기에 보내신 이유가 분명히 있는 것 같아요.

(2) 하나님께만 알려짐 (Unknown Area)

미지의 영역은 하나님께만 알려진 영역으로 성령께서 멘토를 통해 변동성의 시대를 살아갈 수 있는 희망을 바라보게 하셨으며 이 시대를 살아가는 지혜를 찾을 수 있게 되었다. 또한, 청년들은 나를 이곳에 부르신 하나님의 선하신 계획을 신뢰하게 되었고 상황에 집중하지 않고 나를 부르시는 하나님께 집중함으로 나를 부르신 목적대로 살아가고자 하는 용기를 얻을 수 있었다.

1번 참가자: 성령의 인도를 받는 삶에 대한 설교를 들었는데 아무리 좋은 말씀을 들어도 성령님이 계시지 않으면 그 말씀을 붙잡을 수 없는 것처럼, 또 감동이 없으면 말씀을 붙잡을 수 없는 것처럼, 늘 성령님이 함께 하시면 흔들리지 않을 거란 생각이 들어요. 제가 넘어져도 저를 사랑하시는 하나님, 바다보다 넓은 하나님이 계신 것 같아요. 계속 저는 하나님 앞에서 하지 말아야 하는 것을 하지 않는 것처럼, 일상에서, 하나님이 기쁘게 하는 삶을 살아가고 싶어요.

2번 참가자: 하나님의 뜻이 아니라, 여전히 제 삶 속에는 나의 뜻, 나의 계획, 나의 생각, 나의 것으로 꽉 채워져 있어서 사실, 하나님의 뜻이 보이지 않았던 것 같고, 하나님의 뜻을 분별하지 못한 것 같아요. 그리고 막상 하나님의 뜻에 따라가려고 하면 또, 제 역량이 많이 부족한 것 같고요. 이제는 일과 삶을 분리하지 않고 지금 주어진 일에서 최대한 하나님을 만나고, 하나님께서 나를 이곳으로 부르신 목적을 늘 생각하면서 기도해야겠어요.

3번 참가자: 지금 여기가 제 인생의 최종 목적지라고 생각하지는 않지만, 중간지점이라고 생각해요. 제가 지금 하는 일도, 어딘가에 누군가에 귀한 쓰임을 받을 것이란 생각도 들어요. 오늘의 일자리가 힘들고 고단하여도 계속 기도하면서 하나님이 주시는 마음을 기다려 볼게요.

4번 참가자: 하나님이 계속 주시는 마음을 흘려보내야 한다는 마음을 주시는 것 같아요. 아픈 사람들에게 복음을 전하게 하시고, 몸도 건강하게 할 수 있는 그러한 마음을 주시는 것 같아요. 하나님이 주신 마음을 최대한 많이 누리고 싶어요.

필자는 변동성의 시대에 신앙 안에서 청년들이 흔들리지 않는 삶을 살아갈 수 있다는 희망을 보았다. 이들은 나를 이곳에 보내 주신 소명 의식을 통해서 하나님을 신뢰함으로 변동의 시대를 살아가고자 하였다. MZ세대의 신앙 고백을 통해서 주님께 초점을 두는 인생만이 흔들리지 않는 삶을 살아갈 수 있음을 볼 수 있었다.

3) 변동성 시대를 위한 MZ세대 멘토링 피드백[11]

참가자들은 인터뷰를 마치고 멘토링이 '희망적이고 긍정적인 느낌을 받았다'고 한다. '나의 실수와 실패마저도 하나님이 선하신 길로 인도하실 거란 신뢰와 확신이 대화 내내 내 안에 가득 찼다'고 고백했다. 그리고 '자기 고민 가운데 하나인 일에 집중하여 멘토링이 진행되어 좋았다'고 말했으며 '미리 나누어준 질문을 통해 묵상할 수 있었고 믿음이 더욱 생기는 것 같다'고 하였다.

또한, 진로 정체성에 관하여서 '멘토링을 통해서 하나님과의 관계, 즉 소명이 먼저인 것을 깨닫게 되었다'고 하였으며 '지금은 일하는 기운데 언제든지 주님이 부르신 곳으로 갈 수 있는 시간'이라고 하였다. '지금까

---

11 MZ세대를 위한 영적 멘토링을 마친 후, 청년들에게 멘토링에 대한 피드백을 받았다.

지는 이직을 준비할 때 하나님의 응답이 없는 것 같아서 많이 지쳐있었지만 분명한 목적과 부르심이 있다는 사실에 다시 한번 자기 삶에 기대감을 갖게 되었다'고 하며 '인내하는 시간을 갖는 것에 대해 불만이 조금 사라졌다'고 말했다.

변동성의 시대에 흔들리지 않는 방법에 대해 '주님이 나의 나침반이 되어주심으로 늘 주님을 향하여 같은 곳을 바라볼 수 있도록 성령 충만한 삶을 살아가고자 기도하며 나아가겠다'고 스스로 다짐하였다. 모든 참가자는 멘토링을 마치면서 자기 신앙생활을 점검하게 하며 '전체적인 삶과 현재의 삶을 돌아보면서 하나님과 얼마나 친밀하게 교제하고 있는지, 얼마나 하나님을 의지하고 있는지 다시 생각해 볼 수 있는 좋은 기회였다'고 했다.

또 다른 참가자는 '나 자신에게 집중하기보다 나를 보내신 하나님께 집중해보라고 했던 말이 인상 깊다고 하였으며 내 삶에서 일어났던 일들이나, 다양하게 벌어지는 일들에 대해 집중하기보다 하나님을 더 생각하며 하나님의 인도하심을 묵상할 수 있어서 좋았다'고 고백했다.

2. 불확실한 시대를 사는 MZ세대의 멘토링

1) 불확실한 시대를 위한 신앙 교육

오늘날 현대 사회는 장래에 일어날 일에 대해 정확하게 예측할 수 없으며 확실하지 않은 정보 그리고 언제든지 감염병과 같은 재난, 기후의 변화 등의 불안을 경험한다. 불확실성 시대에 오직 하나님만이 소망이 되며 오직 하나님의 인류를 향한 계획은 확실하다. 예수 그리스도가 십자가에 피 흘리심과 죽은 지 사흘 만에 부활하심으로 사망 권세를 이기시며 부활의 능력과 십자가의 사랑을 우리에게 확증하셨다. 죄를 다스리시며 사망 권세를 이기신 하나님이 불확실한 시대에 유일한 소망이 되신다. 구약의 선지자 이사야는 불확실성의 시대에 예측할 수 없는 길을 걸어가는 인간을 바라보며 이렇게 말한다.

> 우리는 다 양 같아서 그릇 행하여 각기 제 길로 갔거늘 여호와께서는 우리 모두의 죄악을 그에게 담당시키셨도다(사 53:6).

인간은 연약한 동물이며 불안정하다. 그러나 오직 목자 되신 주님만은 우리의 길을 인도하신다. 목자 되신 주님은 우리 인간이 걸어가야 할 길을 아시며 우리를 쉴만한 물가로, 푸른 초장으로 인도하신다.

> 여호와는 나의 목자시니 내게 부족함이 없으리로다(시 23:1).

성경은 우리의 길을 생명의 길로, 영생의 길로 인도하시는 예수님을 선한 목자라 말한다. 불확실한 시대에 선한 목자이신 주님은 우리 인생을 위한 선한 계획을 가지고 계시며 오직 주님만이 나의 미래에 소망을 두게 하신다.

인간의 삶 가운데 가장 확실한 것은 예수 그리스도만이 나에게 유일한 길이 되어주신 사건이다. 예수님이 나의 죄를 해결해주신 확실한 증거가 십자가이다.

> 우리가 아직 죄인 되었을 때 그리스도께서 우리를 위하여 죽으심으로 하나님께서 우리에 대한 자기의 사랑을 확증하셨느니라(롬 5:8).

그리고 인류의 모든 죄를 이기시며 사망 권세를 물리친 확실한 사건은 부활 사건이다.

> 예수 그리스도를 죽은 자 가운데서 부활하게 하심으로 말미암아 우리를 거듭나게 하사 산 소망이 있게 하시며(벧전 1:3).

하나님은 목자 없이 살아가며 고단한 삶을 살아가는 MZ세대를 긍휼히 여기고 계시다. 불안한 미래에 대한 염려가 가득한 청년들에게 예수님만이 선한 목자가 되어 주시며 예수님만이 확실한 소망이 되신다. 세상 모든 것이 불안하고 두려울 때 나를 구원하신 하나님의 확실한 증거를 붙잡아야 살 수 있다.

2) 진로 정체성 형성을 위한 팀 켈러의 멘토링 "일과 영성"

불확실한 시대에 성인 진입기의 MZ세대에게 필요한 것은 일에 대한 올바른 가치관 교육이다. 일의 가치는 개인이 부여하는 일에 대한 의미와 일을 통해 실현하고자 하는 목표뿐만 아니라 그 사회가 직업 활동에 대개 가지는 가치관을 모두 포함한다.[12] 일에 대한 가치는 내재적 가치와 외재적 가치로 구분되며 외재적 가치는 일을 통해 추구하는 보수, 지위, 승진의 기회, 작업조건과 같이 일을 통해 부수적으로 얻을 수 있는 것에 대한 추구이다.[13] 또한, 내재적 가치는 직무의 고유성, 흥미, 성장과 같이 자아실현을 위한 도구로 직업의 역할을 강조한다.

---

12 곽금주, 『흔들리는 20대: 청년기생애설계심리학』 (서울: SNUPRESS, 2015), 246.
13 곽금주, 『흔들리는 20대: 청년기생애설계심리학』, 246.

한국 사회는 1980년 이후 내재적 가치의 많은 증가가 이루어졌음에도 불구하고 한국인의 직업의식과 직업윤리의 실태조사에 따르면 아직도 외래적 가치인 경제적 보상과 고용 안정성이 직업을 갖는 중요한 이유로 밝혀졌다.[14]

한국인이 직업을 선택할 때 먼저 고려하는 중요한 것 가운데 수입이 차지하는 비중은 2002년 21.5퍼센트에서 2009년 36.3퍼센트로 많이 증가하였다. 이러한 한국인의 직업의식 실태조사에 따르면 상대적으로 내적인 가치인 보람, 자아 성취, 적성과 흥미에 대한 중요성은 감소하였다는 것을 알 수 있다.

그리고 오늘날 청년 실업 및 청년 고용과 관련된 문제에서 중요하게 다루어야 할 것은 청년층의 경우 직업을 수단으로 삼는 경향이 증가하고 있다는 것이다. 이것은 오늘날 기독교 신앙 교육에 있어 성인 진입기 MZ세대에게 중요한 멘토링의 과제이다.

성인 진입기 시기는 일에 대한 성경적 가치관이 세워져야 하는 중요한 시기이다. 일에 대한 멘토링으로 오늘날 현대 사회에서 일(노동)이 주는 의미를 깨우치게 하고자 팀 켈러의 입장을 통해 MZ세대를 위한 멘토링의 주요 내용으로 접근하고자 한다.

첫째, 하나님이 맡기신 모든 일은 고귀하다.[15]

성경에서 일은 존엄성을 상징하는 증표로 여겨지는데 그 이유로서 팀 켈러는 인간 내면에 존재하는 창조주 하나님의 형상을 반영한다고 보기 때문이다. 오로지 인간만이 하나님의 일을 맡았으며 정복하고 지배하며 세상을 다스리라는 지시를 받았다. 이것은 세상 다른 피조물과 구별되는

---

14 이상훈, "청년 고실업시대와 기독교 직업윤리교육," 「기독교 사회윤리」 제29권 (2014년): 382.
15 Timothy Keller, 『팀 켈러의 일과 영성』, 최종훈 옮김 (서울: 두란노, 2013), 59.

매우 특별한 위치에 인간이 있음을 보여 준다. 몸으로 하는 단순한 노동도 신학적 진리를 탐구하는 다름없는 하나님의 일이다. 주님이 일에 부여하신 엄청난 존엄을 담아내지 못할 만큼 하찮은 일은 없다.[16]

성인 진입기 시기의 MZ세대에게 평소에 하찮게 바라보았던 일에 대한 생각도 하나님의 관점에서 바라보면 하나님은 이 세상의 수많은 일들을 다양한 방식으로 맡겨주시고 그 일을 통해서 인간을 보살피게 하셨다.[17] 그리고 나에게 맡겨진 일을 통해 하나님의 창조와 개척 사역에 동참할 수 있기에 일에 대한 확신과 만족을 누릴 수 있다.

둘째, 하나님의 일을 맡은 우리는 존엄한 존재이다.

인간은 일을 하도록 지음을 받았으며 지위나 급여와 상관없이 일은 인류에게 그 자체로 존엄성을 부여한다. 더 나아가 인간은 자신이 하는 아주 작은 일을 통해서도 하나님의 창조와 개척 사역에 동참하고 있다는 만족감을 누리며 하나님의 파트너로서 자기 일에 대한 자부심이 높아지게 된다. 만물의 주인 되시는 하나님은 세상을 경작하는 책임을 인간에게 주심으로 정복하라는 명령을 주셨다. 정복이라는 명령에는 폭력적인 의도를 담고 있지 않다. 하나님의 형상을 가진 인간이 세상을 다스린다는 것은 하나님의 형상을 가진 존재로서 인간이 청지기 및 대리인의 역할을 한다는 것이다.

정복이란 창조주 하나님의 형상을 닮은 존재로서 그분이 태초에 하신 일을 또 다른 방식으로 이어간다는 것을 의미한다. 인간은 창의적이고 적극적인 태도로 인류가 번성하고 윤택해지는 방식으로 하나님의 일을 재배열하게 된다. 옷감을 가지고 옷을 만들고, 빗자루를 들고 치우고 닦으며 기술을 통해 전기의 힘을 제어하고, 단순한 재료를 통해서 예술작품을

---

16 Timothy Keller, 『팀 켈러의 일과 영성』, 61.
17 Timothy Keller, 『팀 켈러의 일과 영성』, 61.

만들어내는 것들은 이 땅을 충만하게 하고 정복하는 하나님의 사역을 계속 이어가는 방식이다.[18]

무슨 일을 하든지 하나님의 형상을 입은 하나님의 사람들은 창의성을 가지고 일을 할 때마다 하나님의 사역에 동참할 수 있게 된다. 우리 인간이 하나님의 일에 동참하게 될 때 우리는 주님을 영화롭게 할 수 있다. 하나님이 주신 지혜를 가지고 유전자를 결합하든지, 뇌수술의 정밀한 시술을 하는 것과 같이 인간의 노동은 하나님의 사역과 늘 연결될 수 있다.[19]

셋째, 일은 이웃을 섬기는 수단이다.

팀 켈러는 인간이 하나님의 일을 맡아 그것을 능숙하게 해 낼 때 일을 통해 이웃을 섬길 수 있다고 보았다.[20] 일은 본질적으로 이웃을 사랑하는 행위를 갖는다. 비영리단체에 들어가지 않아도, 직접 목회의 일에 뛰어들지 않아도, 스스로 하는 일을 통해 이웃을 사랑할 수 있다. 누군가를 도울 수 있다는 점에서 일은 그 자체만으로도 큰 만족을 준다. 이렇게 하나님이 허락하신 일들에 대해 하루하루 하는 일은 무엇이 됐든지 간에 결국 나를 친히 부르고 준비하게 하시는 하나님을 예배하는 행위이다.[21]

지금까지 MZ세대는 일을 통해 수입을 얻고 안정적인 삶을 누리기 위한 수단으로 삼아왔다. 성인 진입기에 성경적 가치관으로 일을 하나님의 관점으로 바라볼 때 MZ세대에게 일은 그저 돈벌이를 위한 수단이 아니라 하나님의 나라를 위해 가치 있는 수단으로서 하나님을 예배하며 하나님을 영화롭게 하는 수단으로 사용될 수 있다. 이때 하나님의 형상으로 지음 받은 인간은 불확실한 시대를 하나님의 영광을 위해 살아갈 수 있다.

---

18 Timothy Keller, 『팀 켈러의 일과 영성』, 73.
19 Timothy Keller, 『팀 켈러의 일과 영성』, 75.
20 Timothy Keller, 『팀 켈러의 일과 영성』, 98.
21 Timothy Keller, 『팀 켈러의 일과 영성』, 98.

3) 불확실한 시대를 사는 MZ세대의 멘토링 결과[22]

멘토링에 참여한 네 명의 참가자는 불확실성의 시대에 다가오는 미래에 대한 불안함을 공통적으로 이야기했다. 1번 참가자는 무엇이 적성에 맞는지 진로에 대한 걱정을 하였고, 2번 참가자의 경우 자기가 하고 있는 일에 대한 확신이 없는 상황에서 갖는 불확실성을, 3번 참가자는 다가오지 않을 미래에 대해 앞서서 불안해했다. 마지막으로 4번 참가자 역시 취업이 어려운 현실 속에서 미래에 대한 두려움을 갖고 있었다.

> **1번 참가자**: 20대 초반의 남자라면, 군대를 갔다 왔다면 아마 저처럼 모든 사람들이 불확실성에 대해 공감할 것 같아요. 무엇을 해야 할지 확실하지 않고 제 주변에도 무언가 분명한 일이 있거나 전공에 대해서 일에 대해서 확실하지 않기에 많이 힘들어하고 혼란스러워하는 사람들이 주변에 많이 있었어요.

> **2번 참가자**: 제가 이직을 해서 지금 하고 있는 일에 대해서도 확신을 가지고 있지 못한 상황이라서 그런지 불확실성은 저의 이야기인 것 같아요. 이러한 불확실성 속에서 제가 불안했던 것 같아요. 하나님의 뜻에 순종하지 못한 것도 그러한 이유에서인 것 같아요. 그래서 일하는 데가 즐겁지 못했던 것 같고 감사함을 몰랐던 것 같아요.

---

22 본 연구는 불확실성의 시대를 살아가는 MZ세대를 위해 인터뷰를 진행하였다. '뷰카'(VUCA) 멘토링의 두 번째 주제에 맞추어 다양한 연구 질문을 제공하였다. 질문은 다음과 같다. 1) 내 삶 가운데 불확실함으로 불안해 한 적이 있습니까? 2) 일하면서 무엇으로 괴롭고 힘들어하고 있습니까? 3) 일하면서 가장 행복했던 경험은 무엇인가요? 4) 나는 일할 때 최선을 다하는 편에 속하는가요? 5) 내가 지금 하고 있는 일을 통해서 다른 누군가를 도울 수 있다는 것을 느끼는 적이 있습니까? 인터뷰는 온라인 ZOOM 미팅으로 진행하였다.

3번 참가자: 제가 이직을 준비하고 계획하고 있는데 아직 그 일이 일어나지 않았고 언제쯤 이직을 할 것인가에 대해 불안한 것 같아요. 아직 다가오지 않은 일에 대해 걱정이 많아지고 염려가 되는 것 같아요. 주님은 저에게 최종 목적지를 보여 주실 것인데 그것이 아직 안 보이니 불안한 것 같아요.

4번 참가자: 졸업을 언제 할 수 있을지 그리고 어느 곳에 취업을 하게 될지에 대해 불안해하고 있어요.

(1) 다른 사람에게는 알려지지 않은 나의 모습 (Hidden Area)

연구자는 멘토링을 통해서 불확실성의 시대에 청년들의 성장을 가로막는 요소가 무엇이 있는지 확인하였다. 본 연구에서 참가자들은 불확실성의 시대에 살아가면서 일터에서 찾아오는 무기력감을 느끼고 스트레스를 경험하는 것으로 나타났다. 이러한 상황 속에서 청년들은 일의 진정한 의미를 발견하지 못하게 되었고 삶에 만족도가 높지 않은 상태임을 확인하였다.

1번 참가자: 저는 진짜 돈 때문에 지금은 일하고 있어요. 대형 의류 매장에서 일해 보는 것도 평소에 하고 싶었던 일인데 막상 일해 보니 기대만큼 대단한 것 같지는 않아요. 매장에서 손님하고 마주하면서 이야기 나누는 것이 약간 저랑 안 맞는 것 같아요.

연구자: 거기서 일하는 사람들을 보면 굉장히 밝고 긍정적으로 보이는데 어떻게 생각하세요?

1번 참가자: 그게 저랑 안 맞는 것 같아요. 그래서 지금은 창고에서 물건 나르는 것을 도맡아 하고 있고요... 저는 그나마 창고 관리를 하느라 괜찮은데 다른 사람들은 그날그날 매장의 수익을 올리지 못해서 스트레스도 많이 받는 것 같아요.

3번 참가자: 일이 매일 힘들어도 버티고 살아가고 있어요.

연구자: 하나님은 힘들고 어렵고 늘 믿음으로 살아가는 모습을 보면서 큰 영광을 받으실 것 같아요. 멀리 가서 하는 것이 선교가 아니라 내가 만든 식품이 누군가를 이롭게 한다면 그것이 선교가 아닐까요? 기도하면 시작했고, 기도하면서 만들어 내는 그 하나하나가 하나님은 선교의 도구로 사용하실 것 같아요.

3번 참가자: 제가 하는 일이 그렇게 특수한 일이라 생각해보지 못한 것 같아요.

참가자들은 자신의 해오던 일에 대해 큰 의미나 가치를 부여하지 않고 살아왔음을 알 수 있었다. 실제로 청년들은 지금 내가 하고 있는 일보다 더 가치 있고 좋은 일이 있을 것이라 여겼으며 그래서 이직을 생각하거나 진짜 내가 해야 할 다른 일이 있는지 고민과 탐색을 하고 있었다.

(2) 하나님께만 알려짐 (Unknown Area)

불확실성의 시대에 미지의 영역은 불확실한 미래와 불안정한 오늘의 삶이다. 그러나 청년들은 영적 멘토링을 통해 불투명한 인생에서 구체적인 하나님의 계획을 발견할 수 있었으며 하나님이 나에게 맡겨 주신 일을 통해서 자기 미래를 열어주실 것을 확신했다. 그리고 일에 담긴 특별함과 소중함에 대해 감사한 마음을 가지게 되었고 청지기로서 하나님의 계획에 순종하며 나를 연단시키는 하나님을 더욱 신뢰하기로 다짐했다.

1번 참가자: 하나님께 영광 돌리는 삶을 살아야겠죠. 그렇게 생각하고 나니깐 이제는 주목받고 싶은 일인데도 다시 일을 맡기면 더 섬기는 마음으로 도울 수 있을 것 같아요.

연구자: 우리는 크고 작은 일에 있어서 하나님이 맡겨주신 일을 하는 청지기죠. 그러한 사실을 안다면 우리는 작은 일에서도 하나님의 영광을 바라볼 수 있어요.

1번 참가자: 이렇게 대화를 나누면서 저는 하나님이 저를 세워주실 것이란 확신이 더 강하게 다가오는 것 같아요.

2번 참가자: 지금 일을 하면서 교회로 출장 가는 일이 많아졌는데 교회를 찾아갈 때마다 성도님들의 열심을 보고 은혜를 받아요. 그리고 제가 이곳에 이직하여 합류하면서부터는 교회 쪽으로 거래하는 일들이 더 많이 생기게 되었어요. 그래서 저는 이 일이 하나님이 특별히 저에게만 맡겨주시는 일과 같이 느껴져요. 그래서 신앙 안에서 제가 감당하는 일들이 이렇게 생긴다고 느끼게 되요.

연구자: 하나님께서 맡겨주신 일에 대해서 그 일을 이루시고 성취하게 하시는 분이 하나님이 신 것도 많이 배우게 될 것 같아요. 정시기처럼 맡겨주신 일을 통해 나에게 이러한 일을 맡겨주신 특별한 이유를 깨달을 수 있을 거예요. 그 이유를 찾아가다 보면, 직장에서의 수입이나 환경에 연연하지 않고 흔들리지 않을 겁니다.

2번 참가자: 소명에 대한 이야기를 계속해주셔서 지금은 돈이나 생계유지가 우선이 되지 않을 수 있겠다는 생각이 들어요.

3번 참가자: 저는 무엇보다 사람들의 건강을 위한 일에 자부심을 느끼고 있어요. 사실, 제가 평소에 꿈꾸던 그러한 이상적인 직장에서 일하고 있는데도 저는 무조건 퇴사만 생각했었어요. 하나님이 이곳으로 저를 특별히 부르셨다는 확신이 강하게 들어요. 멘토링을 통해서 제가 하는 일이 정말 새롭게 다가오고 좋은 일을 하고 있다는 것을 다시 깨닫게 돼요. 지금까지 저는 더 좋은 일이 있을 것만 생각했는데 다시금 제 일을 소중하게 돌아보게 되네요. 저에게 필요했던 생각들을 들을 수 있었어요.

4번 참가자: 저를 지도하는 상급자에 대한 무서움과 불안한 마음이 늘 있어요. 빨리 졸업을 하고 싶은데 혼날 것에 대한 두려움으로 괴로웠으며 일을 잘 못했을 때 자책감에 많이 괴로워했던 것 같아요.

연구자: 우리가 일할 때 누구와 함께 일하는가는 참으로 중요한 문제인 것 같아요. 그래서 하나님은 우리가 어디에 들어가서 일해야 하는지를 다 알고 계시고 필요를 채워줘야 하는 사람 곁으로 보낼 때도 있고, 도움을 받아야 하는 사람에게로 우리를 부르시죠. 하나님은 정말 다양한 방식으로 사람을 만나게 하시잖아요.

4번 참가자: 상급자만 생각하면 힘든 마음이 많이 생겼는데 오늘 이야기를 듣고 나서 하나님이 저를 연단해 주시는 그러한 자리라는 것이 다시 한번 새롭게 다가왔어요. 그리고 그것이 위로가 되었던 것 같아요. 희망이 보이는 것 같아요.

(3) 불확실한 시대를 위한 MZ세대 멘토링 피드백

멘토링에 참가한 이들은 '일을 대하는 마음과 생각이 변화되는 좋은 계기였다'고 평가하였다. 또한, '일터에서 나를 만나 주시는 하나님에 대해 더 집중하고 싶다'고 했으며 '하나님이 나를 통해 계속 일하고 싶어 하신 다는 깨달음을 얻게 되었다'고 하였다. 또한, '지금까지는 내가 하는 일에 대해서 하나님의 일을 한다고 생각해 본 적이 없었기에 하나님이 아닌 세상 사람들이 주는 칭찬을 통해 보람을 느끼고 있었다'고 하였다.

그러나 '멘토링을 통해 일을 통해 늘 하나님이 나와 함께하고 계셨음을 알게 되었고 불확실한 시대 가운데에서도 이 모든 일을 이루며 성취하게 하신 하나님께 더욱 감사하며 맡겨주신 일을 통해 선한 영향력이 흘러가는 선교의 자리를 지키겠다'고 다짐했다.

3. 복잡한 시대를 사는 MZ세대의 멘토링

1) 복잡한 시대를 위한 신앙 교육

복잡한 세상을 살아가는 MZ세대는 세상 속에서 다양한 문제들을 겪고 있다. 일터는 '갈등'이라는 단어로 표현될 법한 많은 문제로 얽혀져 있다. 그것은 윤리적인 문제이며, 인간관계의 문제 그리고 리더쉽과 돈 문제 등 수많은 문제의 집합체가 직장이다. 직장인들은 자기 힘으로 해결할 수 없는 문제와 씨름하면서 견딜 수 없는 스트레스를 받으며 우울증에 걸리기도 한다.

복잡한 세상 속에서 필요한 신앙 교육은 하루하루의 삶 속에서 성령께 집중하는 것이다. 성령님은 현실을 바라보는 영적 시각을 제공하며 문제를 해결하려는 의지를 불러일으켜 주고, 문제를 지혜롭고 선하게 해결해 주신다.[23] 성령님은 일터에서 그리스도인들과 함께 일하시므로 하나님이

---

23 이효재, 『일터신앙』 (서울: TOBIA, 2018), 133.

주신 사명을 감당할 수 있도록 도와준다. 그러므로 그리스도인들은 바쁜 일과 속에서도 성령님을 의지하여 기도해야 한다.[24]

하나님은 복잡한 세상 속에서 우리의 기도를 통해 우리의 일을 다스리며 통치하신다. 일터에서 기도함으로 성령님은 정의롭고 공의로운 길을 찾게 하신다. 복잡한 일상에서 하나님은 우리의 기도를 들으시며 하나님의 선하신 뜻대로 이뤄지도록 인도해주신다. 기도는 고된 일을 버티는 유일한 힘이며 복잡한 세상 속에서 간구의 기도를 통해 하나님의 은혜와 섭리를 기대하고 이겨낼 힘을 얻게 된다. 사도 바울은 교회를 위해 기도했으며 자기 사역을 위해서도 기도해달라고 했다. 일터에서 복음의 삶을 살아가는 것은 자기의 힘으로 할 수 없기 때문이다.

사도 바울은 에베소 교인들에게 에베소서 6장 12절에서, "우리의 씨름은 혈과 육을 상대하는 것이 아니요 통치자들과 권세들과 이 어둠의 세상 주관자들과 하늘에 있는 악의 영들을 상대하는 것"이라고 말씀하며 중보기도에 힘쓰라고 권면했다.

당시 바울의 일터는 로마 감옥이었다. 그러나 자신을 찾아오는 사람들에게 위축되지 않고 담대하게 복음을 전할 수 있도록 기도를 요청했다. 예수님은 "너희를 박해하는 자를 위하여 기도하라"고 말씀하신다. 그때 분노와 부정적인 감정에 휩싸이지 않고 선한 길을 찾아가는 인생이 될 수 있다. 기도는 우리가 감정을 초월하도록 도와준다.

복잡성이 가득한 시대에 기도하는 자를 위하여 성령께서 오늘도 일하시며 안식을 허락하신다. 하나님이 안식을 주시는 이유는 끊임없이 일로부터 해방되어 하나님과 함께 기쁨을 누리고 하나님을 찬양하기 위해서이다. 그래서 안식일은 단순히 쉬는 날이 아니라 나를 위해 지금도 쉬지 않고 일하시는 성령님을 깊이 묵상하며 우리를 위해 일하시는 하나님과

---

24 이효재, 『일터신앙』, 173.

함께하는 삶이다. 이스라엘 백성들이 안식일을 지켰던 가장 큰 이유는 그들의 주인이 되시는 하나님을 예배하기 위해서이다. 안식일을 통해서 인간은 노예처럼 일하는 존재가 아니라 하나님의 은혜로 살아가는 존재임을 깨닫게 되고, 생명의 근원이 나의 노력이나 공로가 아닌 하나님에게서 오는 것임을 몸소 경험할 수 있다.

이렇게 성령님을 의지하며 살아갈 때 그리스도인들은 복잡한 세상 속에서도 기도하고 안식을 누리게 되며, 하나님의 통치와 다스리심을 통해 마음의 평안도 함께 누리며 살아갈 수 있다.

2) 맥도날드의 멘토링 "내면세계의 질서와 영적 성장"

맥도날드는 내면세계가 복잡한 사람들을 가리켜 쫓겨 다니는 삶을 살아가고 있다고 지적한다. 현대인들이 쫓겨 사는 이유에 대해서 어린 시절 체험한 심각한 상실감 그리고 수치감에 있다고 보았다. 부모와의 친밀한 사랑과 정서적인 밀착이 결여 된 환경에서 자라는 경우 군중의 포옹에서 보상적 경험을 추구한다는 것이다.[25]

그리고 잘했다고 말하지 않는 환경에서 살아왔던 이들에게서 보이는 특징 가운데 하나가 조급함이다. 인정과 칭찬이 결핍된 상황에서 관심에 굶주린 이들이 더 많은 일을 하고 더 많은 성공을 이루는 선망의 대상이 되기 위해 분주한 삶을 살아가게 된다. 만약에 사람들이 인정받지 못하게 된다면 박수갈채와 부와 권력을 얻으려고 하는 탐욕을 키워가게 된다. 맥도날드는 쫓기며 사는 자에게서는 정돈된 내면세계의 평안함을 누릴 수 없다고 말한다.

---

25 Gordon Macdonald, 『내면세계의 질서와 영적성장』, 홍화옥 옮김 (서울: IVP, 2009), 86.

맥도날드는 오늘날 복잡한 일상을 살아가는 '쫓기는 삶'에서 벗어나는 유일한 해결책은 '부름 받은 삶'을 살아가는 것이라 말한다. 쫓겨 다니는 사람들은 성취 중심의 인생 계획에 따라 살아가다 허세를 부리거나 자신 만만해 하지만, 예기치 않은 순간에 앞길을 가로막는 장애물에 부딪치면 쉽게 무너지기도 한다. 그러나 부름 받은 사람은 내공의 힘을 가지고 있는데 외부로부터 어떠한 타격에도 굴하지 않는 인내와 힘을 가지고 살아간다.[26] 복잡한 세상에서 흔들리지 않는 인생이 되기 위해 MZ세대가 귀 기울여야 할 대목이다.

첫째, 복잡성의 시대에 나는 '부름 받은 사람'인 것을 잊지 않는 것이다.

맥도날드는 나 자신이 하나님의 부름을 받은 청지기임을 알아야 한다고 말한다. 직업이나 재산, 타고난 재능 그리고 영적 은사와 건강은 우리가 소유할 것이 아니라 관리의 대상이다. 쫓기는 사람은 소유한 것을 잃어버릴 것에 대해 심각한 위기감을 갖고 살아가지만 부름을 받은 청지기는 크게 요동하지 않는다. 맥도날드는 세례 요한을 예로 들면서 그가 예수님의 등장에도 쫓기지 않았던 것은 '흔들리지 않는 목적의식'을 가졌던 것에 주목한다.

세례 요한은 수많은 군중을 자기 것으로 여기지 않았으며 하나님의 계획 가운데 언제든지 양보할 준비가 되어있었다. 진정한 청지기는 주인의 것을 잘 관리했다가 주인이 오면 넘겨주는 것임을 그는 잘 알고 있었다. 요한은 자기를 떠나 그리스도께로 향하는 군중이 자기 소유가 아님을 누구보다 잘 알고 있었다. 복잡한 상황 속에서 청지기로서의 부르심을 기억하며 그 부르심의 목적을 확인하며 살아갈 때 오늘날 MZ세대는 복잡한 세상 속에서 쫓기지 않는 삶을 살아갈 수 있다.

---

26 Gordon Macdonald, 『내면세계의 질서와 영적성장』, 99.

둘째, 맥도날드는 쫓기지 않은 삶을 위해서 '시간을 다스리는 법'을 배우라고 조언한다.

내면세계의 무질서가 일어나는 가장 큰 요인은 시간에 쫓겨 살아가기 때문이다. 맥도날드는 무질서한 내면세계를 정리하고 다스리며 통제하기 위해 다음과 같은 실질적인 조언을 한다. 가장 먼저, 시간 예산을 세우라는 것이다. 한정된 돈을 사용하기 위해서 우선순위를 정하는 것처럼 시간은 관리되어야 한다. 만약, 시간을 관리하지 못한다면 중요하지 않은 일에 시간을 소모하고 시간을 무절제하게 사용하게 된다. 맥도날드는 자신에게 주어진 사명 의식이 정립되어있지 않으면 효율적으로 사용되지 못한 시간들은 방치된 시간이며 그 시간은 내 약점을 향해 흘러간다고 말한다. 그래서 맥도날드는 무엇보다 시간 사용 방법에 대한 올바른 기준을 갖는 것이 매우 중요하다고 말한다.[27]

이러한 기준을 분명하게 하기 위해 늘 점검하며 물어야 할 질문은, '나는 무엇으로 부름을 받았는가', '주어진 시간에 무엇을 하는 것이 가장 좋은가', '하지 않으면 안되는 필수적인 것은 무엇인가'이다.

맥도날드의 조언처럼 시간의 예산을 우선순위에 따라 편성해보고, 내가 부름 받은 이유를 점검함으로써 주어진 시간이 빈 구멍으로 흘러 들어가지 않고, 잘 정돈된 내면의 세계를 가꾸며 살아가게 될 것이다. 맥도날드는 예수님이 시간을 다스리며 관리했던 부분에 있어 예수님이 자기 사명을 잘 이해하고 있는 부분에 주목한다.

무엇보다 예수님은 공적 사역을 수행하는 순간에도 주님과의 영적 교제의 시간을 확보해 놓으셨다. 이렇게 사명이 분명한 사람은 무엇이 중요하고 어디에 우선순위를 두어야 하는지를 알고 있다. 인간은 우선순위가 있는 곳에 시간을 활용하기 때문이다.

---

27   Gordon Macdonald, 『내면세계의 질서와 영적성장』, 152.

셋째, 복잡한 세상에서 무너진 내면세계는 '쉼'을 통해 회복될 수 있다.

인간은 일상생활 속에서 쉼이라고 하는 멈춤이 없이는 내면세계의 질서를 기대할 수 없다.[28] 오늘날 성취욕과 소유욕에 끌려다니는 사람들은 이러한 쉼을 누리지 못하고 살아간다. 복잡한 세상 속에서 분주하게 살아가는 이들이 놓치지 말아야 하는 것은 '하나님께서 쉼과 일의 리듬을 창조 세계에 심어놓으셨다는 것'이다. 그래서 쉼은 사치가 아니라 성장과 성숙을 위한 사람들에게는 필수 불가결한 것이다.[29]

오늘날 현대 사회에 '진정한 쉼'이 필요하다. 왜냐하면 '세상이 주는 쉼'으로는 영혼을 소생시키지 못하기 때문이다. 세상이 주는 안락과 재미는 인간에게 '순간적인 쉼'을 제공해 주지만 '내면세계 깊숙이 존재하는 쉼'에 대한 욕구를 다 충족시켜주지 못한다.[30] 진정한 '내적인 쉼'은 세상의 수많은 것들과의 접촉을 끊는 '회로를 닫는 시간'이다.[31]

진정한 쉼 그리고 멈춤은 자기 자신이 했던 일에 대해 의미를 찾게 하며 왜 그 일을 했는지 그리고 어떠한 결과를 기대했으며 그로부터 얻은 것이 무엇인지를 알게 한다. 즉, 하나님이 의도하신 '쉼'의 목적은 일을 해석하게 하며, 그 일에 의미를 부여하게 하고, 그 일을 누구에게 올려드려야 마땅한지를 확실히 알게 하려는 것이다.[32]

그래서 복잡한 세상을 살아갈 때 쉼은 '이 모든 것이 무엇을 위한 것인가'라는 질문을 떠올리게 한다. 쉼을 통해 소명을 확인하며 그 부르심의 목적대로 사명을 감당하고 있는지 확인하게 된다. 그래서 맥도날드는 쉼

---

28 Gordon Macdonald, 『내면세계의 질서와 영적성장』, 297.
29 Gordon Macdonald, 『내면세계의 질서와 영적성장』, 299.
30 Gordon Macdonald, 『내면세계의 질서와 영적성장』, 300.
31 첨단 시스템을 개발하는 사람들은 전자 회로의 한 단계를 완성했을 때 '회로닫기'(closing the loop)라는 단어를 사용한다. 또한, 어떠한 과업이 완성되었을 때나 프로젝트에 참여한 모든 사람이 필요한 정보를 다 알게 되었을 때도 이 단어를 사용한다.
32 Gordon Macdonald, 내면세계의 질서와 영적성장』, 홍화옥 옮김 (서울: IVP, 2009), 301.

은 일을 다 마친 후에 갖는 것이 아니라 소명의 삶을 위해 먼저 가져야 하는 것이 '쉼'이라고 보았다. 그러나 여전히 사람들은 모든 일을 다 마친 후에 '쉼'을 얻으려 한다. 세상의 일들은 결코 완전하게 끝나는 법이 없다. 그래서 쉬지 못하고 멈추지 못하는 악순환이 발생하는 것이다.

3) 복잡한 시대를 사는 MZ세대의 멘토링 결과[33]

인터뷰를 통해 멘토링에 참여한 네 명의 참가자는 모두 오늘날의 사회의 특징을 복잡성의 시대로 공감했다. 맡겨진 일에 무거운 책임감이 들 때, 다양한 사람과의 관계 속에 얽매여 있을 때 그리고 여러 가지 일을 동시에 맡을 때 현대 사회의 복잡성을 실감하고 있었다. 영적 멘토링을 통해 MZ세대는 살아가면서 복잡성을 느낄 때가 언제인지에 대해 다음과 같이 대답하였다.

> **1번 참가자**: 교회에서 맡겨진 일을 할 때 조금은 마음이 복잡해지는 것을 느낄 때가 있어요. 제가 아직은 전문 지식이 없고 기술이 없다 보니 부담스럽게 다가와요. 또 밖에서는 스케줄 근무를 하다 보니 일하는 시간이 고정으로 정해진 것이 많아서 시간에 대한 스트레스도 받는 것 같아요.
>
> **2번 참가자**: 현재 일을 할 때마다 사람을 내하는 일에 있어서 마음이 복잡할 때가 있었고, 또 맡겨진 일이 많아지다 보면 제대로 감당할 수 있을지에

---

[33] 본 연구는 복잡한 시대를 살아가는 MZ세대를 위해 인터뷰를 진행히였다. '뷰카'(VUCA) 멘토링의 네 번째 주제에 맞추어 다양한 연구 질문을 제공하였다. 질문은 다음과 같다. 1) 인생의 모호함을 느낀적이 있나요? 2) 일터에서 오늘 나에게는 소망이 있습니까? 3) 내 인생의 목적과 방향이 분명하다고 생각하십니까? 4) 나의 목표를 가로막는 장애물은 무엇인가요? 5) 내가 붙들고 있는 확고한 신앙관은 무엇인가요? 참가자는 함께 온라인 줌<ZOOM> 미팅을 통해 진행하였다.

대한 걱정이 들어요.

3번 참가자: 제가 지금 신제품을 개발하는 가운데 있어요. 무려 3개나 진행 중인데 마음도 어렵고 일도 복잡해요. 더욱이 지금 제 위에 상급자가 없어서 지금은 혼자 감당할 일이 많아서 복잡한 것 같아요.

4번 참가자: 예상치 못한 상황 속에서 문제가 생길 때, 도움을 구해야 하는 데 연락이 닿지 않으면 일이 복잡하게 꼬인 것 같이 느낄 때 있어요. 또한 일을 조율하는 과정, 의사 결정하는 과정 속에서 사람들이 얽혀 있다 보니 일이 복잡하게 다가와요.

복잡성 시대를 사는 MZ세대는 멘토링을 통해 나에게 진정한 쉼이란 무엇이며, 언제 쉼을 누리고 있는지에 대해 이야기하였다.

1번 참가자: 멍때릴 때 쉬는 것 같아요. 카페에서나 버스 타고 갈 때 멍때리고 있으면 그때야말로 쉬는 것 같아요.

2번 참가자: 저의 직장이 믿는 사람들이 많아서 중간, 중간 쉬는 시간에 이야기를 나누는 시간이 많이 있어요. 그 시간이 영적으로 깨우치고 배우는 시간 그리고 진정한 쉬는 시간이라고 생각해요. 그리고 힐링의 시간도 되는 것 같아요. 믿는 사람들과 함께 대화를 나누는 것이 저에게는 최고의 평온함이에요.

3번 참가자: 저에게 진정한 쉼이란, 저에게는 잠인 것 같아요. 깨어 있을 때는 너무 바쁜 것 같아요. 그저 잠을 자는 것이 가장 좋은 쉼인 것 같아요.

4번 참가자: 사람들과 편하게 대화하고 맛있는 거 먹으러 갈 때 편안하게 누워있을 때 마음이 좋아지는 것 같아요.

청년들은 공동체 안에서 신앙적 교제를 나누고 친목을 도모함으로 마음의 쉼을 누릴 수 있었고 다른 것으로부터 방해받지 않는 개인 시간을 통해 평안함을 얻을 수 있었다.

(1) 다른 사람에게는 알려지지 않은 나의 모습 (Hidden Area)

복잡성의 시대에 청년들은 시간, 관계 그리고 돈에 의해 쫓기는 삶을 살아가고 있었으며 직무의 한계를 느끼며 부족한 자기 능력에 자책하는 모습을 볼 수 있었다. 청년들은 멘토링을 통해서 복잡한 삶에서 나의 한계를 넘어서서 일하시는 하나님을 신뢰해야 하는 중요성을 깨닫게 되었고 지금보다 더 기도해야겠다고 다짐했다.

1번 참가자: 시간, 돈, 관계가 가장 저를 쫓기게 하는 것 같아요.

연구자: 시간, 돈, 관계에는 중요한 공통점이 있는 것 같아요. 이 세 가지가 모두 부족할 때 쫓기지 않았나요?

1번 참가자: 맞아요. 채워지지 않는 것이 있는 것 같아요.

연구자: 시간, 관계, 돈, 이 모든 것을 내가 채운다고 해서 다 채워질까요?

1번 참가자: 채워지지는 않을 것 같아요. 부자들도 끊임없이 만족한 삶을 살지 못하는 것을 보면요. 연예인들도 아직 더 가지지 못해서, 소유가 많다고 채워지는 것 같지는 않고요. 다만 우선순위가 있는 것 같아요. 많고 적음이 아니라 내가 무엇을 우선하고 있느냐에 따라 소유의 관념이 달라질 것 같아요.

2번 참가자: 저는 교회에 처음 오는 사람들이 어려움을 겪지 않도록 하고 있어요. 때로는 제가 생각했던 것보다 많은 사람들을 섬길 때는 한계를 느끼고 스스로 부족하다고 생각하고 있어요.

연구자: 중요한 것은 하나님이 어떠한 분인지를 아는 것이 중요하다고 생각해요. 하나님은 언제나 우리의 능력과 재능과 실력을 넘어서서 일하시는 분이에요. 내 한계를 초과해서라도 일하시는 분이 우리의 하나님이시죠.

2번 참가자: 네. 목사님 말을 들어보니깐. 지금까지는 그게 다 저의 일인 줄만 알았던 것 같아요.

연구자: 스스로의 기대에 갇힌 건 아닐까요?

2번 참가자: 맞아요. 하나님이 하실 일에 대해서 제가 신뢰하고 따라가야 하는데 제가 그 부분을 간과하고 있었던 것 같아요.

3번 참가자: 복잡한 일을 해결하는 나만의 방법에 대해 하나님의 아이디어를 주셔야 일한다고 생각하고요. 하나님께 기도하면 문제에 자신감이 생기고 긍정적 마음들이 커지는 것 같아요. 출시될 제품에 대해서도 자신감이 생기는 것 같아요.

연구자: 복잡하고 힘든 일을 해결할 때마다 더 성숙해지고 어른스러워질 것 같아요.

3번 참가자: 저의 상황이 그렇게 이해가 되네요. 제가 책임을 지는 자리에 계속 있게 되는 것 같아요.

4번 참가자: 저는 대부분 속으로 삭이는 편이에요. 기도하면서 스스로 진정하려고 노력했어요. 잠을 잔다거나 그리고 지인을 통해 이야기도 나누고 위로를 받기도 해요. 나름대로 위로도 받으려고 시도도 해보고. 이야기도 더 많이 나누면서 문제를 해결하려고 해요.

연구자: 어려운 상황을 만났을 때 기도 생활은 하고 있나요?

4번 참가자: 네. 저도 기도하는데, 예전같이 많이 하지는 않아요. 그래도 틈틈이 기도를 통해 하나님께 물어보고 있어요.

(2) 하나님께만 알려짐 (미지의 자아, Unknown Area)

삶의 미지의 영역들은 스스로 해결할 수 없는 복잡한 일과, 복잡한 관계, 복잡한 마음들이다. 영적 멘토링을 통해서 하나님은 청년들에게 복잡성의 시대를 살아갈 수 있는 지혜를 주셨다.

1번 참가자: 오늘 대화를 통해 느끼는 것은 제 스스로가 제 몸을 무리하게 만들고 피곤하게 했다는 생각이 들었어요.
체력적으로 지치지 않는다고 여겼고, 자신감 넘치게 몸을 사리지 않고 살았는데, 이제는 그것이 나 자신을 해치고 있는 것이 아니었나?
이런 생각이 들었어요. 내 힘으로 내 노력으로 열심히 살아가는 것이 내 영혼을 쉬지 못하게 하는 것이라면 하나님이 기뻐하지 않는 삶이 될 수 있겠다는 생각을 하게 되었어요. 앞으로는 제 몸을 잘 관리하는 것이 제 삶에 매우 중요한 것 같아요.

2번 참가자: 하나님이 하실 일에 대해서 제가 신뢰하고 따라가야 하는데 제가 그 부분을 간과하고 있었던 것 같아요. 저는 오늘 대화를 통해서 일터에서 쉼의 중요성을 느끼게 되었어요. 믿는 사람의 쉼은 주일이고 안식일인데, 주일 예배를 통해 하나님이 주신 안식을 더 많이 누려야겠다고 생각했어요. 그리고 우리 모두의 쉼을 위해서도 함께 중보기도 했으면 좋겠다는 생각도 하게 되어요.

3번 참가자: 목사님 말씀을 듣고 나서는 '사탄이 나를 지치게 하는 원수였구나, 나를 피곤하게 했구나' 하는 생각이 들었어요. 나를 힘들게 하는 것이 사탄의 목적이었음을 알고, 제가 좀 긴장이 되었어요. 저는 그동안 저 자신을 컨트롤 하지 못하는가에만 집중했는데. 하나님이 저에게 잠을 주시고 쉼을 주셨다는 사실에, 제가 그동안 하나님의 음성이 아닌 무력함에 있었던 것 같아요.

4번 참가자: 인정받는 것에 집중하다 보면 사람이 한순간에 무너질 수 있는 것 같아요. 인정받는 삶은 한순간에 받고 나면 잊혀 지지만, 선한 영향력을 드러내는 삶은 나보다 남을 더 생각하고 섬기는 일이기에 하나님이 나에게 더 많은 관심과 사랑을 베풀어 주시리라 생각되어요

(3) 복잡한 시대를 위한 MZ세대 멘토링 피드백

참가자들은 멘토링을 통해 '현장에서 나와 함께 일하시는 주님의 임재를 경험해야겠다'고 다짐했으며 일터는 하나님이 나를 부르시며 나를 인도하시는 곳임을 깨닫고 지난날 사람에게 인정받고자 했던 모습을 떠올렸다. 또한, '복잡한 마음과 분주하게 쫓기는 일상에서 마음의 중심이 하나님이 아닌, 사람에게 향하고 있음을 알게 되었다'고 말하며 '하나님이 내 직장과 일터의 주인 되심을 믿게 되었다'라고 고백했다.

또한, 다른 참가자는 지난날 쉼의 주체가 자신에게 있다고 생각하여 제대로 된 쉼을 누리지 못하였음을 깨닫게 되었으며 '나를 피곤하게 하고, 지치게 하는 미디어 중독의 삶에서 벗어나 진정 하나님의 자녀로서 자기 삶을 스스로 조정하고 선택할 수 있는 하나님의 존귀한 자녀가 되겠다'고 다짐했다.

4. 모호한 시대를 사는 MZ세대의 멘토링

1) 모호한 시대를 위한 신앙 교육

일터에서 일상의 삶을 살아갈 때 무엇이 소명의 삶인지 모호하고 불분명한 것이 오늘 MZ세대의 모습이다. 일터에서의 소명은 일회적인 신앙고백을 통해서 획득되는 것이 아니다. 소명은 모호하고 자기중심적 일터에서 세상의 문화에 휩쓸려 가지 않기 위해 자기 자신과 부단히 싸우는 과정에서 얻어지는 것이다.[34]

소명의 삶은 어떤 완성된 신앙의 행위가 아니다. 전쟁터와 같은 일터에서 소명으로 살아가기는 오늘날 너무 힘든 삶이 되어버렸다. 소명을 추구한다고 하면서도 열매가 없을 때도 많다. 그래서 어떤 그리스도인들은 세속적인 현실 속에서 거룩한 소명을 감당하기에는 자기 믿음과 용기가 부족했다고 느끼며 스스로 자책을 한다.[35]

우리는 언제든지 소명의 삶을 살아가면서 자신의 부족함과 마주하게 되고, 현실적 모호함 가운데 한계를 마주할 수 있음을 인정하며 살아야

---

34 이효재, 『일터신앙』 (서울: TOBIA, 2018), 185.
35 이효재, 『일터신앙』, 176.

한다. 무엇보다 자기 연약함과 모호한 현실을 뚫고 우리의 소명이 자라기 위해서는 종말에 대한 소망을 가져야 한다. 성경은 종말의 때 그리스도인들을 시험하고 악인들의 세력에 맞서 승리하는 모습을 보여 준다. 요한계시록 3장 11절과 12절에는 다음과 같이 종말의 모습이 기록되어 있다.

> 내가 속히 오리니 네가 가진 것을 굳게 잡아 아무도 네 면류관을 빼앗지 못하게 하라 이기는 자는 내 하나님 성전에 기둥이 되게 하리니 그가 결코 다시 나가지 아니하리라 내가 하나님의 이름과 하나님의 성 곧 하늘에서 내 하나님께로 부터 내려오는 새 예루살렘의 이름과 나의 새 이름을 그이 위에 기록하리라(계 3:12).

이처럼 성도는 불의한 세계가 곧 끝나며 선한 종말의 세계가 오고 있음을 알아야 한다. 종말의 소망을 품을 때 소명은 믿음과 함께 자라며 더불어 종말에 대한 소망 안에서 믿음과 함께 자란다. 세상의 구원을 의미하는 하나님 나라는 그리스도의 오심으로 '이미'(already) 세상에 드러났지만 '아직'(not yet) 완성되지 않았다. 우리는 이 땅에서 이미 시작된 하나님의 나라를 부분적으로 경험하며 살아가고 있다. 우리는 이미 하나님의 나라를 맛보았지만, 아직 완성되지 않은 현실 속에 살아가고 있다.

그리스도인은 '이미'와 '아직' 사이에 이중적 삶을 살아가고 있는 존재이다. 신학자들은 이러한 현실을 종말론적 실존이라고 한다. 그리스도인들은 불의의 세계가 끝나고 선한 종말의 세계가 다가오고 있음을 기억해야 하며 종말에 실현될 하나님의 나라, 그 나라의 백성이 되기 위해서 인내하며 기다려야 한다.[36] 그리스도인들은 종말론을 통해서 현실의 부패를 탄식하는데 멈추지 않고 부패한 현실을 거룩한 곳으로 변화시키려는 소망을 품어야 한다.

---

36 이효재,『일터신앙』, 191.

현대 사회에 종말론의 신앙은 미래에 일어날 구원의 완성을 소망하는 그리스도인들이 모호해 보이는 현실을 선명하게 바라볼 수 있도록 동기를 부여한다. 그래서 종말에 관한 소망을 두고 살아가는 사람과 그렇지 않은 사람은 서로 다른 목적을 두고 살아간다. 종말에 대한 소망을 가지고 살아갈 때 그리스도인들은 말세의 핍박을 견디게 될 것이며 종말의 소망으로 눈에 보이는 세계가 전부가 아니라는 사실을 깨달으며 구체적이고 분명한 소명의 삶을 살아갈 수 있다.[37]

2) 진로 정체성 형성을 위한 폴 스티븐스(Paul Stevens)의 멘토링 "일 삶 구원"

성인 진입기는 MZ세대가 걸어가야 하는 좁은 길이다. 그 길은 매우 협소하며 많은 위기와 갈등과 시행착오가 기다리고 있다. 무엇보다 모호한 상황은 계속 상황을 회피하게 하고, 해결보다는 새로운 일을 갈망하게 하며, 자신에게 맡겨진 일을 불성실하게 하고, 매 순간 사소한 이유로 직업을 바꾸고 싶어 하는 욕구를 불러온다.

인간이 가진 죄 된 성향은 소명을 향하여 목적이 있는 인생을 살아가고자 할 때 인간의 인내력을 발휘하지 못하도록 하여 야망이나 다른 사람의 소명에 대한 시기심을 불러오기도 한다. 결국, 하나님이 주신 소명을 잃어버리는 일이 발생할 수 있다.[38] 이러한 상황의 MZ세대에게 폴 스티븐슨은 진로를 탐색하고, 취업하여 일터에서 살아가는 MZ세대에게 여러 가지 교훈을 준다. MZ세대는 폴 스티븐스를 통해서 모호한 상황을 마주하는 일터에서 고민과 갈등을 풀어갈 수 있는 실마리를 얻을 수 있다.

---

37 이효재, 『일터신앙』, 191.
38 R. Paul Stevens & Albinung, 『일 삶 구원』, 김은홍 옮김 (서울: IVP, 2012), 153.

첫째, 지금 있는 곳에서 인내하며 소망을 갖는 것이다.

수많은 청년이 힘들게 직장에 들어갔지만, 기성세대와의 충돌 그리고 끝없는 자아실현의 욕구로 인하여 스스럼없이 퇴직하고 이직을 꿈꾸고 있다. 문제는 아주 작은 사소한 이유로 일을 그만두거나 윗세대와의 갈등을 회피하는 수단으로 퇴사를 해서는 안된다는 것이다.

폴 스티븐스는 상황이 힘들어도, 쉽게 도망가지 않고 끝까지 참고 견디며 인내함으로 버틸 수 있는 용기는 소망에서 온다고 말한다. 인내는 오늘날 모호한 상황 속에서 도망치고 싶은 마음이 일어나는 순간에 그리고 어려운 문제에 부딪혀 달아나고 싶을 때마다 우리에게 필요하다. 성령의 열매인 인내는 예수 그리스도의 작품이며 그분은 일에 대한 끈기를 가짐으로 하나님을 닮아가게 하시며 우리에게 소망을 주시고 그 소망을 지켜나갈 수 있도록 우리를 도우시는 분이다.[39]

무엇보다 인내는 하나님이 주신 소명을 이루는 수단이다. 그 인내를 기를 수 있는 것은 우리의 기질이나 의지력이 아니다. 어떠한 환경 속에서도 하나님을 신뢰하는 것이 인내의 비결이다.[40] 그 인내를 통해서 희망을 가지고 자기 자리를 지킬 수 있으며 하나님을 기다리고 소망할 때 일을 통해 의미와 목적을 얻을 수 있으며 하나님의 비전을 발견할 수 있다.[41]

둘째, 폴 스티븐스는 하나님은 무엇을 하도록 인간을 부르지 않으셨고 하나님과 연합할 수 있도록 우리를 부르셨다고 말한다.[42]

20대와 30대 시절은 끊임없이 직업을 바꾸게 될 것을 예상하며 변동과 변화의 시간을 통해 종종 의심과 불확실성에 사로잡히게 된다. 때로는 그 시간이 무의미한 시간처럼 보일 수 있지만 여러 가지 직업을 놓고 고민하

---

39 R. Paul Stevens & Albinung, 『일 삶 구원』, 151.
40 R. Paul Stevens & Albinung, 『일 삶 구원』, 152.
41 R. Paul Stevens & Albinung, 『일 삶 구원』, 155.
42 R. Paul Stevens & Albinung, 『일 삶 구원』, 211.

며 하나님께 귀 기울이고 하나님의 음성을 듣고자 할 때 그 과정을 통해 하나님이 나를 부르셨고 택하셨음을 확신하게 되고 하나님을 더욱 신뢰할 기회를 얻을 수 있다.[43] 이것이 소명의 삶이며 소명의 삶을 살아갈 때 인생의 목적과 방향을 분명히 할 수 있다. MZ세대는 모호한 상황 속에서 하나님의 뜻 안에서 하나님의 일을 하고 있다는 확신을 가질 때 소명의 삶을 살아갈 수 있게 된다.

셋째, 천국에 마음을 두고 살아가는 자세를 통해 모호한 상황 속에서 분명한 삶의 자세를 가질 수 있다.

폴 스티븐스는 천국에 마음을 두고 일할 때 왜 일을 하는지에 대해 영원한 관점을 얻을 수 있다고 말한다. 이 세상에서 하는 일은 육체적이든, 정신적인 것이든, 영적인 것이든, 부활의 주님을 위해서 일한다면 그 일은 영원히 천국에서도 지속될 것이다. 천국에 소망을 두며 살아갈 때 인간은 인생의 수많은 장애물을 극복할 수 있는 소망과 용기를 얻게 된다.[44] 그리고 부르심의 소명을 개인적인 차원에서 우주적인 차원에서 접근하게 되고 새 하늘과 새 땅까지 소명은 끊기지 않고 계속될 것으로 보았다.

3) 모호한 시대를 사는 MZ세대의 멘토링 결과[45]

인터뷰를 통해 멘토링에 참가한 청년들은 인생의 모호성에 공감하였다. 이들은 모두 두 가지의 가치문제에 있어 무엇이 옳은지, 무엇이 좋은지,

---

43　R. Paul Stevens & Albinung, 『일 삶 구원』, 211.
44　R. Paul Stevens & Albinung, 『일 삶 구원』
45　본 연구는 모호한 시대를 살아가는 MZ세대를 위해 인터뷰를 진행하였다. '뷰카'(VUCA) 멘토링의 네 번째 주제에 맞추어 다양한 연구 질문을 제공하였다. 질문은 다음과 같다. 1) 인생의 모호함을 느낀 적이 있나요? 2) 일터에서 오늘 나에게는 소망이 있습니까? 3) 내 인생의 목적과 방향이 분명하다고 생각하십니까? 4) 나의 목표를 가로막는 장애물은 무엇인가요? 5) 내가 붙들고 있는 확고한 신앙관은 무엇인가요? 참가자들은 온라인 줌<ZOOM> 미팅을 통해 진행하였다.

무엇이 나은지에 대해서 고민하였다. 청년들은 살아오면서 모호성을 느낄 때가 언제인지에 대해 다음과 같이 대답하였다.

> **1번 참가자**: 복학과 관련하여 재정적으로 열악한 상황이니 내년까지 일할지. 아니면 그냥 바로 복학할지 고민이에요. 학교에 다니면 등록금 문제도 있어서 일은 해야되는데 학교에 복학해야 하는지 너무 헷갈려요. 이러한 것이 모호한 인생이 아닐까 생각되네요.

> **2번 참가자**: 저는 지금까지 쌓아왔던 커리어가 하루아침에 코로나로 인하여 물거품이 되고 무용지물처럼 느껴져서 포기하고 싶었던 마음이 늘 가득했던 것 같아요. 오늘날 청년세대를 N포 세대라고 말하는 것처럼 포기하는 자세가 오늘날 인생의 모호성에서 나오는 현상인 것 같아요. 내 몸도, 내 마음도 내 뜻대로 되지 않는 시기인 것 같아요.

> **3번 참가자**: 일할 때 주어진 목표가 있다고 생각했고, 잘하고 있다고 느끼면서도 내가 한곳에 머물러 직장생활을 하고 있는데 이직하고 싶은 마음도 있고 또 아닌 것 같기도 하고요.

> **4번 참가자**: 목사님이 전해주신 질문지는 저에게 모두 해당이 되는 것 같았고요. 제 인생에 모호성도 발견된 것 같아요. 저는 목표가 있어야 열심히 하는 스타일인데 목표를 성취하려고 하는데 결과는 예상과 달라 힘들 때가 많았어요.

필자는 영적 멘토링을 통해 성인의 모습을 갖추기까지 오래 참고 인내해야 하는 시기가 성인 진입기임을 알 수 있었다.

(1) 다른 사람에게는 알려졌지만 나는 모름 (Hidden Area)

본 논문의 연구자는 영적 멘토링을 통해서 참가자들이 스스로 볼 수 없었던 내면의 모습을 대화로 확인할 수 있었다. 필자는 참가자들의 성장을 가로막는 장애물과 같은 요소들이 무엇이 있었는지 대화를 통해 확인할 수 있었다. 특히, 청년들의 삶 속에서 관계로 부터 겪는 어려움과 상처는 인생의 모호함에 빠져들게 하는 주된 요인으로 등장하였다.

1번 참가자: 저는 제 인생의 앞날을 바라보며 운동을 그만둔 것이 옳은 것인지, 아닌지 모호하게 생각될 때가 많았어요. 그리고 축구를 하면서 서로 견제하고, 관계의 어려움을 겪느라. 제 미래에 대해 구체적으로 생각해 본 적이 없었던 것 같아요. 서로 견제하거나, 의식하거나 이러한 부분에 치우치다 보면 아무래도 하나님이 주신 목표를 잃어버릴 수도 있을 것 같네요.

연구자: 관계에 대해서 기도해 본 적이 있나요? 상처받은 것, 소외를 겪은 것. 이러한 문제는 나중에 쓴 뿌리처럼 또 힘들게 할 수 있어요.

1번 참가자: 네. 그러한 부분을 위해서 열심히 기도했었어요. 처음에는 도망도 많이 다니고 했지만 청년부 공동체 안에서 기도하면서 관계의 문제가 많이 극복되었어요. 무엇보다 시기마다 친구들이나 형들 그리고 누나들이 저를 많이 위로해주고 챙겨주었어요. 교회 공동체 안에서 제가 많이 회복되었어요. 좋은 사람이 늘 주변에 있었고요.

2번 참가자: 저는 제 자신의 인생이 불투명하게 보였는데 그 이유가 재물에 대한 집착 때문인 것 같아요. 자리에 대한 욕심인 것 같아요. 그러한 욕심 때문에 내려놓지 못한 것이 많았구요. 하나님이 제 삶의 주인이라고 제 입술로는 말하고 있지만 순종하지 못했던 것 같아요. 제 인생을 모호하게 만드는 것들이 돈이나, 재물이었던 것 같아요. 하나님보다 세상을 더 의지했던 것이 결국 모호한 인생을 살아가게 한 것 같아요.

(2) 하나님께만 알려짐 (Unknown Area)

하나님의 나라는 '이미' 시작되었지만 '아직' 완료되지 않은 모호한 미지의 영역과 같다. 영적 멘토링은 모호한 상황 속에 있는 우리에게 종말의식을 통해 하나님의 나라에 대한 소망을 갖게 하였으며 불투명한 미래가 아닌, 구체적이고 분명한 하나님을 바라보게 하였다. 본 연구를 통해서 청년들은 모호한 시대를 살아가는 소망과 용기를 하나님의 나라 안에서 얻을 수 있음을 확인하였다.

1번 참가자: 오늘도 멘토링을 통해 제 인생의 중요한 문제에 접근할 수 있어서 너무 감사해요. 하나님이 제 모든 선택과 결정의 과정을 지켜보신다는 생각이 들고요. 이러한 과정 자체가 은혜인 것 같아요. 조급함을 내려놓고 주님께 나아가야겠네요.

2번 참가자: 이번 멘토링을 하기 전까지 인생의 소망? 인생의 목적을 생각해 본 적이 없었어요. 하루하루를 살다 보니 멀리 내다본다는 것이 쉽지 않은 것 같아요. 길면 한 달 안에, 또 짧으면 일주일 정도밖에 내다보지 못하는 것이 청년들의 현실인 것 같아요.
그래서 멘토링을 하면서 제 삶의 목표나 목적을 분명히 할 수 있겠다는 생각이 많이 들었어요. 전체적으로 멘토링의 순서나 흐름이 결국 인생의 모호성의 문제로 흘러가는 것 같은 느낌이 들었어요 제 인생의 무기력하고 불투명해질 때 결국 내가 붙들어야 하는 것이 무엇인지를 분명하게 인식할 수 있을 거 같아요. 하나님의 나라에 대한 분명한 소망이 멘토링을 통해 주어진 것 같아요.

3번 참가자: 멘토링을 통해서 무엇보다 하나님의 나라가 지금 여기 임할 수 있다는 사실에 힘을 얻었어요. 나의 하루, 나의 일터를 중요하게 여기지 않았는데 오늘 하루에도 하나님의 나라가 임한다는 그 사실에 더 집중하고 싶어요.

4번 참가자: 저희 아버지는 교회를 다니지 않으시지만 지금 저의 모습을 보면서 간혹 하나님이 살아계신 것 같다고 말씀하실 때가 있었어요. 그리고 저를 통해서 아버지가 교회에 나오시게 될 것 같은 소망이 생긴 것 같아요. 내 노력이 아니라 하나님의 때 나를 통해서 일하시는 것에 대한 소망을 갖게 되었습니다. 과거 삼위일체 하나님을 믿기가 힘들었지만 새벽기도, 청년부에 나가게 되면서 삼위일체 하나님을 알게 되고 믿게 되었어요.

제가 만약 구약 시대에 태어났다면 죄 사함을 얻지 못하고 죽게 될 것이 분명한데 예수님을 알게 되어서 죄를 용서받고 이렇게 부족한 자에게 믿음을 주시고 하나님의 뜻을 알게 하시는 것이 너무 감사하게 다가와요. 저를 향한 말도 안 되는 사랑이라고 여기게 되고, 진짜 하나님의 계획이 있음을 구체적으로 알게 되었어요. 그 부분이 저에게는 믿음이고 감사한 부분이에요.

(3) 모호한 시대를 위한 MZ세대 멘토링 피드백

참가자들은 '인간의 모호함 속에서도 함께하시는 하나님을 발견할 수 있었고 멘토링을 통해 하나님의 능력을 신뢰할 수 있었다'고 하였다. '이 세상 모두 것이 모호한 상황 속에서도 하나님의 사랑은 분명하며, 하나님의 계획은 부름을 받은 자들에게는 더욱 선명하게 나타나는 것을 확신할 수 있었다.

일터에서 만나는 하나님은 구체적으로 일상에 개입하고 계시며 하나님의 나라가 완성되기까지 우리의 소명을 이끌어주심을 믿을 수 있었다'고 답하였다. 참가자들은 '멘토링을 통해 소명이 이끄는 삶은 곧 성령의 인도하심을 받는 삶인 것을 알게 되었고, 영적인 멘토링을 통해 깨어 기도할 수 있는 유익한 시간이었다'고 고백하였다.

제7장

MZ세대, 멘토링으로 끌어안으라

1. MZ세대를 위한 대안을 마련하라

본 연구는 MZ세대 문화 안에서 청년들의 갈등과 위기를 극복할 수 있는 신앙 교육적 대안을 마련하는데 목표를 두고 진행하였다. 본 연구를 통해 얻은 다양한 연구 결과와 평가, 전망은 다음과 같다.

첫째, 본 연구는 현대 사회의 개념을 'VUCA'로 새롭게 정의하였다.
과거 현대 사회 문화를 연구하는 이론가들은 오늘날의 현대 사회를 포스트모던 사회라 하였다. 후기 근대주의를 의미하는 포스트모던 사상에 따라 절대적인 이념이나 가치관이 사라지고 전통에 대한 새로운 도전이 일어나기 시작했다. 권위적인 규범과 절대적 진리와 가치에 대해 이의를 제기하기 시작했으며 상대적이며 주관적인 행동양식과 사회 체제가 나타나기 시작했다. 이러한 포스트모더니즘은 1960년대부터 시작되어 새로운 소비 활동과, 여성 인권의 신장 그리고 제3세계 운동과 같은 사회적, 정치적 현상을 불러왔다.
그러나 포스트모던 사회는 오늘날 현대 문명화된 사회를 담아내기에는 그 용어에 한계가 있다. 전 세계는 이미 제4차 산업 혁명과 디지털화된 정보 사회를 통해 미래를 예측할 수 없는 불안정한 시대를 맞이했기 때문이다. 오늘날 현대 사회를 이해하는 '뷰카'(VUCA)를 통해 전 세계에서 일어나는 다양한 변동성 미래를 예측할 수 없는 불확실성, 다양한 기능과 직무가 많아지는 복잡성 그리고 역할과 책임의 경계의 모호성은 오늘날 현대 사회를 이해하기 위한 중요한 키워드이다.

현대 사회를 조망하는 '뷰카'(VUCA)의 관점으로 세상을 보면, 현대 사회의 흐름 속에서 위기와 갈등의 심각성을 이해할 수 있으며 마찬가지로 한국 교회의 현실 속에서 다양한 위기와 갈등 속에 어떻게 전도하며, 복음을 전해야 할지를 연구하게 되는 계기를 마련할 수 있다.

둘째, 본 연구는 MZ세대의 문화를 소개하였으며 청년들이 겪고 있는 위기와 갈등을 정리하였다.

'뷰카'(VUCA) 사회 안에서 청년들은 MZ세대 문화를 통해 이전에 볼 수 없었던 독특한 사회 문화를 만들어가고 있다. MZ세대는 인구구성 대비 절반에 가까운 숫자에 해당하며 새로운 소비 권력자로서, 정치 권력자로서 급부상하고 있다.

본 연구는 MZ세대에 관한 다양한 연구 자료와 문헌들을 참고하면서 이들의 행동양식을 네 가지의 규범으로 제시하였다. 그것은 자기중심의 문화, 소통 중심의 문화, 의미 중심의 문화, 소비 중심의 문화이다. 이러한 문화 속에서 MZ세대는 다양한 형태의 위기를 경험하고 있는데 그것은 4不(불)이라 할 수 있는, 정체감의 혼란 속에 찾아오는 불행, 공정감의 상실을 통한 불신, 취업률 저하에 따른 불안 그리고 기성세대를 향한 불만이다. 연구자는 MZ세대의 특징과 갈등을 정리함으로서 한국 교회 및 기독교 교육에 있어 MZ세대가 연구로서 중요한 가치를 갖는 데 기여하였다.

셋째, 본 연구는 MZ세대의 갈등을 근본적으로 해결하고자 한국 사회의 세대 문화를 연구하고자 했다.

한국 사회는 반세기 동안 급격한 변화를 맞이하였다. 6.25전쟁, 새마을 운동의 경제 호황기, IMF의 경제 불황 그리고 2002월드컵과 세월호 사건에 이르기까지 한국 사회는 정치, 경제, 사회, 문화적으로 다양한 사건 사고를 통해 세대 문화를 이루는 집단 및 공동체 의식이 형성되었다. 이러한 집단의 정체성을 이해함으로 한국 사회의 기성세대가 가진 행동 양식을 이해할 수 있으며, MZ세대의 문화 역시, 한국 사회의 맥락 안에서 이해의 폭을 넓힐 수 있었다.

이러한 연구의 노력은 지금까지 MZ세대의 문화를 그들만의 문화로 손가락질하며 비판했던 편견에서 벗어나 한국 사회의 흐름 속에서 나타나는 자연스러운 세대 문화의 모습으로 확인되었다. 한국의 다양한 세대 문화를 연구함으로써 세대 간 갈등을 이해할 수 있었으며, 세대의 통합을 이루기 위해서 한국 사회의 다양한 세대 문화 연구의 중요성을 확인하게 되었다.

넷째, 본 연구는 한국 사회의 MZ세대 문화 안에서 나타나는 위기와 갈등을 해결할 수 있는 정체성 형성이론을 제시하였다.

MZ세대 문화를 포함하여 한국 사회의 다양한 세대 문화 안에는 인생의 경험을 통해 습득된 다양한 가치와 이념이 자리 잡고 있다. 이러한 세대의 의식은 개인 및 집단 정체감을 형성하는 중요한 요인이다.

이러한 이유에서 본 연구는 MZ세대를 구성하는 개인 및 집단의 정체성의 형성 과정에 주목하며 청소년 및 청년기에 정체성의 형성이 시작되는 에릭슨과 레빈슨 그리고 아넷의 연구 이론을 살펴보았다. 이들의 연구를 통해, 정체성의 형성은 인간의 발달 과정 안에서 다양한 역할과 과제를 수행함으로 획득 되어지는 것임을 보았다.

그러나 오늘날 현대 사회 '뷰카'(VUCA)의 영향 속에서 미래를 예측할 수 없는 청년들은 불안 속에서 정체성의 형성이 지연되는 위기를 겪고 있다.

현대 사회의 미래 주역인 청년들을 위한 정체성 교육은 오늘날 한국 사회에 매우 시급하다고 할 수 있다.

다섯째, 본 연구는 MZ세대의 청년기 정체성 형성을 위해 아넷의 '성인 진입기' 이론을 제시하였다.

아넷은 인간 발달 과정에 있어 문화적 영향이 정체성 형성을 이루는데 중요한 작용을 하고 있음을 주장하였다. 특히, 아넷은 청년기를 '성인 진입기'로 보았으며 청소년에서 성인으로 넘어가는 중간 과정으로서, 사이에 끼어있는 시기. 불안정한 시기, 정체성 탐색의 시기, 자기 초점적 시기 그리고 정체성 형성의 시기로 규정하였다.

이 시기에 주어지는 과제로서 일과 사랑, 신념의 탐색을 통해 정체성이 형성될 수 있다고 보았다. 이러한 아넷의 이론은 오늘날 '뷰카'(VUCA)의 불안한 시대를 살아가는 MZ세대를 설명하기에 충분한 이론이라 생각되며 정체성 형성을 위한 '성인 진입기'는 청년 문제를 해결하기 위한 연구로서 가치가 있다.

여섯째, 마지막으로 본 연구는 리차드 던의 '영적 멘토링' 이론에 근거하여 건강한 정체성 형성을 위한 신앙 교육으로서 영적 멘토링을 제시하였다.

그리고 정체성의 유예가 일어나는 '성인 진입기'는 영적 멘토링을 통해서 일과 사랑, 가치관의 형성과 같은 과제를 해결할 수 있다. 무엇보다 본 연구자는 영적 멘토링을 위해 현대 '뷰카'(VUCA) 시대에 맞는 신앙 교육론을 수립하고자 오스기니스, 딤 갤러, 고든 맥도날드, 폴 스티븐슨에 이르는 신학자, 설교자 및 영성가의 저서를 통해 영적 멘토링을 구성하였다.

또한, 대인관계 이해도로서 사용되는 '조해리의 창'을 통해서 청년들의 숨은 성장 영역을 확인할 수 있었으며 불투명하게 보이던 미래에 소망을 발견하고 용기를 얻게 되었다는 피드백을 얻을 수 있었다.

이렇게 영적 멘토링을 실시한 결과, 청년들은 자신의 주어진 문제를 해결할 수 있는 능력이 하나님을 믿는 신앙 안에 있음을 발견하게 되었고, 부르심의 소명을 깨달아 주어진 삶의 자리에서 하나님의 자녀 된 정체성을 회복하였고 부르심의 목적에 따르는 인생을 살아가기를 다짐하게 되었다. 본 연구의 결과로서 얻은 '뷰카'(VUCA) 멘토링은 현대 사회의 예측 불가능한 미래를 바라보는 청년들의 정체성 회복과 위기와 갈등을 해소하기 위한 현실적인 대안이라고 사료된다.

2. MZ세대를 세우는 VUCA 목회

2022년, 7월 세계보건기구는 COVID-19를 감염병 최고등급으로 세계적 대유행을 의미하는 팬데믹에서 특정 지역에서 발생하는 질병을 의미하는 엔데믹으로 방역 규제를 하향 조정할 수 있음을 시사하였다. 팬데믹 상태가 해제되면 중증 환자 및 사망자 발생 비율은 현저하게 낮아지게 될 것을 예상하고 있다.

이미 전 세계적으로 COVID-19의 팬데믹이 장기화 되면서부터 사회적 거리 두기를 완화하거나 중증 환자 관리에 집중하는 위드 코로나(With Corona19)를 통해 단계적 일상의 회복을 위해 노력하고 있다.

이제 한국 교회는 팬데믹 이후를 바라보며 엔데믹(Endemic) 시대 새로운 목회전략을 준비해야 한다. 필자는 한국교회가 MZ세대의 파트너가 되고, 함께 성장하고 세우는 목회를 위해 다음 세대를 위한 VUCA 목회를 간단하게 제시하고자 한다.

1) VUCA 시대, 이렇게 설교하라!

21세기는 쌍방향 소통의 시대이다. 젊은 세대와 소통하지 못하는 교회는 위기를 만나게 될 것이다. 쌍방의 소통을 위해 필자는 다음과 같이 VUCA의 관점에서 설교를 분석하고 점검한다. 아래의 표는 설교 준비를 마치고 늘 점검하는 항목이다.

변동성	불확실성
나의 설교는 변동성의 시대에 변함없는 하나님의 은혜와 사랑을 증거했는가?	나의 설교는 불확실성 시대에 확실한 주님의 사랑과 부활의 능력을 담아냈는가? 아니면 사람의 행위를 강조하는가?
복잡성	모호성
나의 설교는 복잡성의 시대에 문제를 해결하는 나에게 집중하는가? 아니면 하나님께 집중하는가?	나의 설교는 모호성의 시대에 구체적이고 명확한 하나님 나라의 비전을 보여 주었는가?

위에 기록된 점검 항목은 설교를 작성하는 동안 유용한 도구가 되기도 하며, 다른 사람의 설교를 들을 때도 말씀에 집중할 수 있게 한다. VUCA의 관점으로 말씀을 들을 때 치유와 회복이 일어나는 것을 자주 목격하게 된다. 눈여겨보는 대목이다. VUCA의 설교는 다음과 같은 피드백을 불러온다. '설교를 통해서 소망을 갖게 되었습니다', '구체적인 삶의 목표를 세우게 되었습니다', '변하지 않는 주님의 사랑에 위로를 얻었습니다', '복잡했던 문제가 풀어졌습니다', '모호한 상황 속에서 하나님의 구체적인 계획을 신뢰하게 되었습니다.'

오늘날 현대 사회의 설교가 VUCA의 관점에서 이루어진다면 MZ세대뿐 아니라 전 세대를 아우르는 공감설교가 될 수 있다. 이렇게 VUCA 설교는 예측할 수 없는 불안의 시대에 명확한 답을 통해 성도의 심령을 시원하게 할 수 있다.

2) VUCA 시대, 이렇게 전도하라!

한국 교회는 'VUCA' 시대에 맞게 전도전략을 수립해야 한다. 오늘날 현대 사회는 'VUCA'시대이다. 변동성, 불확실성, 복잡성과 모호성이라는 현대 사회의 네 가지 틀은, 오늘날 복음 전도에 새로운 도전이 될 수 있다. 기존의 일방적인 복음 제시에서 벗어나, 현대 사회의 위기와 갈등을 소개하며 복음이 어떻게 해결책이 될 수 있는지를 소개한다면, 쌍방향 소통적인 면에서 매우 큰 전도 효과를 얻을 수 있으리라 생각된다.

'VUCA' 전도는 현대 사회의 예측 불가능한 불안의 시대를 소개하며, 현대인들의 위기와 갈등을 들어봄으로써 공감과 소통의 전도 방식이 될 수 있다.

자신이 속해 있는 교회에 전도지를 들여다보라!

나의 교회는 VUCA 시대에 주님께로 초대하고 있는가?

교회는 그리스도의 몸이다. 전도지는 교회의 몸 되신 예수그리스도가 누구인지를 소개할 수 있어야 한다.

필자가 개발한 전도의 플랫폼은 다음과 같다.

당신은 4개의 질문에 답을 구할 수 있습니까?(앞면)

흔들리는 변동성의 시대	예측할 수 없는 불확실성의 시대
흔들리지 않는 인생을 위해 내가 붙잡고 있는 것은 무엇인가요?	한치 앞을 내다볼 수 없는 불안과 두려움 속에서 내가 확실하게 믿고 의지하는 것은 무엇인가요?
다양한 문제 앞에 높인 복잡성의 시대	늘 헷갈리는 모호성의 시대
인생의 문제를 스스로 해결하지 못했던 이유는 무엇인가요?	옳고 그름을 알 수 없는 애모호한 상황 속에서 당신은 명확한 답을 가지고 있습니까?

당신은 교회 안에서 명확한 답을 얻을 수 있습니다(뒷면)

변동성의 시대	불확실성의 시대
주님을 영접하면, 당신은, 하나님의 자녀이며 하나님의 거룩한 백성입니다. 이 사실은 변함이 없습니다.	예수 그리스도의 십자가와 부활의 능력은 나를 사랑하시는 가장 확실한 증거입니다.
복잡성의 시대	모호성의 시대
복잡한 문제를 주님께 맡기면 우리는 마음에 평안과 쉼을 얻습니다.	천국소망을 가지고 살아가는 사람은 모호한 상황 속에서도 참고 견딜 수 있습니다.

3) VUCA 시대, 이렇게 교육하라!

필자는 VUCA 시대를 맞이하여 이제는 자존감 교육에서 벗어나야 할 때라고 생각한다. 모바일 기반의 가상 온라인 세계, 신자유주의 시대의 무한 경쟁의 사회는 비대해진 자아를 만들었다. 가상 세계 온라인에서 자신에 대해 갖는 느낌이나 감정은 VUCA 시대에는 흔들릴 수밖에 없다. 세상은 자존감 교육을 통해 자기 자신을 향한 긍정감을 갖게 하지만 분열과 갈등과 다툼의 세상 속에서 만들어지는 자존감은 영원하지 않다는 것을 알아야 한다.

하나님의 말씀 안에서 내가 하나님의 자녀가 되는 정체감을 가질 때 어떠한 상황 속에서도 흔들리지 않는 자아를 갖게 된다.

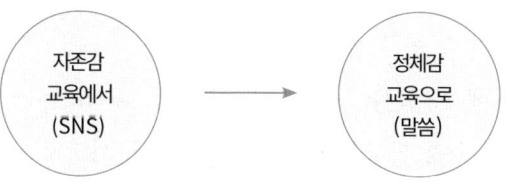

VUCA 시대 정체감 형성을 위한 신앙 교육 모델은 구체적으로 다음과 같은 단계를 통해 진행된다.

(1) 정체감 형성을 위한 소명자 교육 (1단계)

필자는 이러한 이유로 신앙 교육으로서 소명 의식이 매우 중요하다고 생각한다. 소명이란 가장 먼저, 내가 하나님의 자녀로 부름 받았음을 확인하는 것이다. 그래서 교회 학교의 10대 및 20대, 30대에 이르는 청년들에게 소명 교육은 매우 중요한 교육 과제라고 할 수 있다. MZ세대는 끊임없이 하나님의 부르심을 통해 자기 인생을 탐구하기 시작할 때 VUCA 시대 흔들리지 않는 인생이 될 수 있다.

(2) 정체감 형성을 위한 회심자 교육 (2단계)

위와 같이 소명에서 사명으로 나아갈 때 매 순간 주의하며 경계해야 할 것은 비대해진 자아 그리고 거짓된 자아이다. 그래서 소명에서 사명으로 넘어가는 분기점에서 자아 정체성을 확인하고 점검해야 한다. 거짓된 자아를 해체하는 유일한 수단은 '회개'이다. 회개는 주님 앞에 내가 진정 누구였는지를 깨닫기 때문이다. 내가 하나님 앞에서 내 삶의 주인처럼 살아왔음을 고백하고, 내가 왕처럼 나 중심적으로 살아왔음을 회개해야 한다. 이렇게 회개함으로 나아갈 때 우리의 영적 자아는 주님 안에서 늘 새롭게 거듭나게 된다.

(3) 정체감 형성을 위한 사명자 교육 (3단계)

하나님의 일에 참여하는 역할로서 부르심을 확인하는 것이 두 번째 과정이다. 그래서 소명 의식을 갖은 후, 그 다음은 사명의 자리로 나아가는 것이다. 사명의 자리는 하나님이 나에게 부여하신 역할과 책임을 다하는 자리이며 하나님이 나를 부르신 곳이다.

하나님은 청년들을 하나님의 동역자로, 파트너로 부르시며 하나님의 일에 참여하게 하신다. 사명의 자리로 나아가 하나님이 나에게 맡겨주신 일에 즐거워하며 최선을 다할 때 하나님은 큰 영광을 받으신다.

4) VUCA 시대, 이렇게 소그룹하라.

한국 교회의 다음 세대는 MZ세대가 될 것이다. 한국 사회에서 MZ세대는 45퍼센트를 차지하고 있다. MZ세대가 원하는 교회는 쌍방향적인 소통이 일어나는 교회이다. 필자는 청년세대의 고민을 함께 이야기하면, 말씀을 통해 함께 은혜를 나누기 위해 다음과 같은 소그룹 나눔지를 만들어 활용한다.

소그룹 나눔지

변동성의 시대	불확실성의 시대
오늘 나는 무엇으로 흔들리고 있습니까?	불안하고 두려웠던 일은 무엇인가요?
복잡성의 시대	모호성의 시대
내 삶에서 무엇이 나의 마음을 복잡하게 하나요?	나를 향한 하나님의 구체적인 계획은 무엇인가요?

설교 시간에 이러한 나눔지를 먼저 나누어주고, 예배를 통해 받은 하나님의 마음과 하나님이 주신 소망을 붙잡고 함께 나눌 때 성령께서 우리와 함께하셔서 삶의 문제를 해결해 나가심을 바라볼 수 있게 된다.

참고 문헌

한글 단행본

강지연, 『90년생과 갈등 없이 잘 지내는 대화법』 (서울: 메이트북스, 2020)
과학기술정책연구원, 『포스트 코로나 일상의 미래』 (서울: 청림출판, 2021)
곽금주, 『흔들리는 20대: 청년기 생애설계 심리학』 (서울: SNUPRESS, 2015)
고광열, 『MZ세대 트렌드 코드』 (서울: 밀리언서재, 2021)
김도환, 정태연, 『청년기의 자기 탐색 (서울: 동인, 2002)
김미라, 『밀레니얼의 일, 말, 삶』 (서울: 좋은땅, 2020)
김용섭, 『언컨택트』 (서울: 퍼블리온, 2020)
_____, 『요즘 애들, 요즘 어른들』 (서울: 21세기북스, 2020)
_____, 『결국 Z세대가 세상을 지배 한다』 (서울: 퍼블리온, 2021)
김애순, 『청년기 갈등과 자기 이해』 (서울: 시그마프레스, 2008)
김현수 외, 『가장 외로운 선택』 (서울: 북하우스, 2022)
김현정, 『90년생이 사무실에 들어오셨습니다』 (서울: 자음과모음, 2021)
김효정, 『MZ세대 사용설명서』 (경기: 넥서스BIZ, 2022)
대학내일20대연구소, 『밀레니얼-Z세대 트렌드 2021』 (서울: 위즈덤하우스, 2020)
박안석, 『청소년 멘토링사역』 (서울: 생명의 말씀사, 2003)
박소영, 이찬, 『밀레니얼은 처음이라서』 (서울: kmac, 2021)
방선오, 『일터 행전』 (서울: 아르카, 2019)
박재만, 『영적 지도: 그리스도인 성숙을 위한 도움』 (서울: 가톨릭대학교, 1996)
소기범, 『하나님 만나기: 영성 형성의 실제』 (서울: 대한기독교서회, 2010)
안희경, 『오늘부터의 세계』 (서울: 메디치미디어, 2020)

이재열, 『다시 태어난다면 한국에서 살겠습니까?』 (서울: 21세기 북스, 2020)

이상화, 『청년들이 교회를 떠나는 33가지 이유』 (서울: 브니엘, 2007)

이상준, 『밀레니얼은 어떻게 배우고 일하며 성장하는 가』 (서울: 다른상상, 2020)

이선미, 『영포티, X세대가 돌아왔다』 (서울: 앤의 서재, 2021)

이효재, 『일터신앙』 (서울: TOBIA, 2018)

임명묵, 『K를 생각하다』 (서울: 사이드웨이, 2021)

이현철, 안성복 외, 『위드 코로나 시대 다음 세대 신앙 리포트』 (서울: SFC, 2022)

임홍택, 『90년생이 온다』 (서울: 웨일북, 2019)

_____, 『관종의 조건』 (서울: 웨일북, 2020)

오성주, 『편견극복: 교육으로 가능할까?』 (서울: 동연, 2020)

_____, 『편견문화교육』 (서울: 다산글방, 2002)

장신근, 『통전적 신앙과 생애주기별 기독교 교육』 (서울: 장로회신학대학교출판부, 2019)

장휘숙, 『청년심리학』 (서울: 학지사, 2000)

정옥분, 『청년 발달의 이해』 (서울: 학지사, 2015)

정인호, 『코로나에 숨은 심리 언택트 심리학』 (서울: 청출판, 2020)

정지우, 『인스타그램에는 절망이 없다』 (서울: 한겨레출판사, 2020)

_____, 『내가 잘못 산다고 말하는 세상에게』 (서울: 한겨례출판, 2022)

정태희, 『리버스 멘토링』 (서울: kmac, 2022)

조한혜정, 엄기호 외, 『노오력의 배신』 (서울: 창비, 2016)

최경춘, 『90년생과 어떻게 일 할 것인가』 (서울: 위즈덤하우스, 2018)

최명화, 김보라, 『지금 팔리는 것들의 비밀 (새로운 소비권력의 취향과 열광을 읽다)』 (서울: 리더스북, 2020)

최재붕, 『체인지 9』 (서울: 쌤앤파커스, 2020)

_____, 『포노사피엔스』 (서울: 쌤앤파커스, 2019)

학원복음화협의회 엮음, 『청년 트렌드 리포트』 (서울: IVP, 2017)

한글 논문

박향숙, "초기성인을 위한 기독교 신앙 교육: 신생성인기 (Emerging Adulthood)를 중심으로" (철학박사학위논문, 서울신학대학교, 2012) 49.

한글 소논문

곽주현, 최한나, "한국 직장인의 일 중독 유형에 따른 자존감과 심리적 소진의 차이" 「상담학 연구」 제16권 제3호 (2015년): 142.

박영균, "청소년과 부모 세대간 문화갈등에 관한 이론적 고찰"『한국청소년시설환경학회』 학술대회 제2007권 제1호 (2007): 26.

박영균, 박영신, 김의철, "한국 청소년과 부모 세대간 심리특성 차이 분석: 생활목표, 가족 관련 가치, 학업기대, 자기효능감을 중심으로 『한국청소년연구』 제21권 제 4호 (2010)

박진희, 이상희, "대학생의 자아 정체감 지위와 자아 정체감 유형에 따른 심리사회적 성숙의 차이"『상담학 연구』 제14권 제2호 (2013): 1016.

박재홍, "세대연구의 이론적 방법론적 쟁점" 한국 인구학 제24권 제2호 (2001): 49

_____, "세대 명칭과 세대 갈등 담론에 대한 비판적 검토"『경제와 사회』 봄호 제81호 (2009): 15, 19-21.

박치완, "신세대(YZ세대)와의 세대공존의 문제"『인문학연구』 통권 116호.

이규민, "현세대 청년들을 위한 교육목회의 과제와 방향"『한국기독교신학논총』 제107호 (2018년): 260.

이상훈, "청년 고 실업 시대와 기독교 직업윤리 교육"『기독교 사회윤리』 제29집 (2014): 382.

이은미, "기독청년의 직업소명에 관한 고찰: 교회의 역할과 과제"『신앙과 학문』 24.

이복수, "크리스천과 일 그리고 직업"『고신선교』 4.

임헌만, "일차적 소명의 관점으로 보는 이차적 소명으로서의 직업과 기독교 상담" 『복음과 상담』 (2009) 13.

엄옥순, "기독청년의 자아 정체성에 관한 연구" 『복음과 실천신학』 제43권 (2017년): 15.

윤민재, "한국 사회의 경쟁과 자기계발 자아 테크놀러지: 청년세대 문제에 대한 연구" 『인문사회 21』 제11권 제2호 (2020년): 1258.

조인호, 조준석, "조직내 커뮤니케이션 불확실성과 모호성의 차별성" 『언론정보연구』 제49권 제1호 (2012): 225.

황상민, 양진영, "한국 사회의 세대 집단에 대한 심리학적 탐색: 전이적 공존 관점을 통한 대학생 집단의 세대 이미지 분석" 『학국심리학회지: 사회 및 성격』 제16권 제3호 (2002): 77.

영문 번역 단행본

Arnett, Jeffrey Jensen. 『인간 발달: 문화적 접근』, 정명숙외 4명 옮김 (서울: 시그마프레스, 2018).

Biehl, Bob. 『멘토링』, 김성웅 옮김 (서울: 디모데, 1997).

Elmore, Tim. 『멘토링』, 김낙환 옮김 (서울: 진흥, 2004).

Fowler, James W. 『신앙의 발달 단계』, 사미자 옮김 (서울: 한국장로교출판사, 2002).

Gates, Bill. 『빌게이츠 넥스트팬데믹을 대비하는 법』, 이영래 옮김 (서울: 비즈니스북스, 2022).

Groome, Thomas H. 『신앙은 지속될 수 있을까?』, 조영관 외 2명 옮김 (서울: 가톨릭대학교출판부, 2014).

Goins, Jeff. 『일의 기술』, 윤종석 옮김 (서울: CUP, 2016).

Guinness, Os. 『소명』, 홍병룡 옮김 (서울: IVP, 2006).

_____. 『20대, 당신을 향한 소명』, 홍병룡 옮김 (서울: IVP, 2009).

_____. 『오스 기니스의 저항』, 김진선 옮김 (서울: 토기장이, 2017).

_____. 『오스 기니스의 인생』, 박지은 옮김 (서울: 복있는사람, 2016).

Guillen, Mauro 6. 『2030 축의 전환』, 우진하 옮김 (서울: 리더스북, 2021).

Hertz, Noreena.『고립의 시대』, 홍정인 옮김(경기: 웅진 지식하우스, 2021).
Huston, James M.『멘토링 받는 삶』, 권영석 옮김(서울: 한국기독학생회, 2004).
Hybels, Bill. Hybels, William.『당신의 직업, 하나님의 계획입니다.』, 민문영 옮김(서울: 죠이 선교회출판부, 1999).
Jerome. Glenn.『세계 미래 보고서』, 박영숙 옮김(서울: 비즈니스북스, 2020).
Keller, Timothy.『팀 켈러의 일과 영성』, 최종훈 옮김(서울: 두란노, 2013).
Kevin, Brennfleck & Kay, Marie『부르심에 합당한 삶을 위한 소명 찾기』, 강선규 옮김 (서울: IVP, 2009).
Lancaster, Lynne 3.『밀레니얼 제너레이션』, 양유신 옮김(서울: 더숲 2010).
Macdonald, Gordon.『내면세계의 질서와 영적성장』, 홍화옥 옮김(서울: IVP, 2009).
Macdonald, Gordon.『영적 성장의 길』, 홍종락 옮김(서울: 두란노, 2006).
Petersen, Anne Helen.『요즘 애들』, 박다솜 옮김(서울: 알에이치코리아, 2021) .
Reese, Raddy 4.『영적 멘토링』, 김종호 옮김(서울: 한국기독교학생회, 2002).
Richard R Dunn.『이머징 세대를 위한 영적 멘토링』, 정은심 옮김(서울: 기독교문서교회, 2013).
Schwab, Klaus.『클라우스 슈밥의 위험한 리셋』, 이진원 옮김(메가스터디북스, 2021).
_____.『제4차 산업 혁명 더 넥스트』, 김민주, 이엽 옮김(서울 : 새로운현재 , 2018).
_____.『제4차 산업 혁명』, 송경진 옮김(서울: 새로운 현재, 2016).
Stevens, R. Paul.『일터신학』, 홍병룡 옮김(서울: IVP, 2018).
Stevens, R. Paul & Albinung.『일 삶 구원』, 김은홍 옮김(서울: IVP, 2012).
Twenge, Jean M.『#i세대』, 김현정 옮김(서울: 매일경제신문사, 2018).
Volf, Miroslav.『일과 성령』, 박지윤 옮김(서울: IVP, 2019).
Zizek, Slavoj.『팬데믹 패닉』, 강우성 옮김(서울: 북하우스, 2020).

한글 신문, 보도자료

김효정, "꼰대, 밀레니얼과 함께 일하다"「주간조선」2019년 2월 15일.

참고 문헌

강지남, "나아진다는 희망없다 '탈 한국'이 답이다" 「신동아」 2015년 10월 16일.
강환웅, "최고의 통합의료서비스 모델 제시위해 최선을 다할 것" 「한의신문」 2022년 4월 1일.
고유경, "미래는 하고 싶은 일과 무엇을 해야 하는 지 찾아가는 과정" 「제민일보」 2021년 3월 31일.
고재연, "산업화세대→ 베이비부머→ X세대→ 밀레니얼세대→ Z세대 세대별…성장 배경과 소비 패턴·가치관이 모두 다르죠" 「한국경제」 2018년 10월 15일.
구정우, "2030세대에게 배우는 '공정'과 '정의'" 「조선일보」 2018년 1월 22일.
김동기, "한국 직장인 47퍼센트 '우리 회사 채용 불공정'" 「BI KOREA」 2018년 12월 17일
김효정, "꼰대, 밀레니얼과 함께 일하다" 「주간조선」 2019년 2월 15일.
나윤석, "X Y Z 변화하는 신세대" 「서울경제」 2018년 10월 12일.
문영훈, "10년 사이 대학 핵심 학과 대변동 … IT관련 첨단학과 웃었다" 「EDUJIN」 2021년 4월 26일.
박성의, "MZ리더 박지현은 '위기의 민주당'을 구할 수 있을까" 「시사저널」 2022년 3월 16일.
박현정, "청년 75퍼센트 '한국 떠나고 싶다'" 「한겨레」 2019년 12월 20일.
이수범, "복잡성과 교통안전." 「교통신문」 2021년 3월 5일.
이수정, "청년이 아프다" 「중부일보」 2022년 7월 13일.
이신영, "이마트 24, 정용진 부캐 '제이릴라' 동네 동생 '원둥이' 공개 「연합뉴스」 2022년 4월 6일.
장대, "청년에 변화 요구하려면 먼저 지도자가 변해야 된다" 「국민일보」 2021년 10월 12일.
장기요, "뷰카(VUCA) 시대, 인재의 조건" 「전북도민일보」 2021년 4월 8일.
퓨처리서치센터, "포스트 코로나 시대의 주역 MZ세대 분석 및 제언", 인터넷진흥원 주용완(2021).
하남직, "우상혁, 상상하지 못했던 2m39, 뛰어보니 2m40도 보이더라" 「연합뉴스」 2021년 8월 13일.
한남진, "적극적 노동시장 정책으로 확대해야" 「내일신문」 2022년 4월 5일.
홍의숙, 김재은, "코칭 한다며 문제점만 말하고 끝? 밀레니얼세대는 소통이 고프다" 「동아 비지니스리뷰」 2018년 12월 issue 1.

한혜란, "기업, 신입 사원 뽑을 때 '경력' 가장 많이 본다." 「연합뉴스」 2014년 8월 6일.

황계식, "근로자 건강관리, 문제제기보다 응원이 필요하다" 「세계일보」 2021년 8월 24일.

외국어 단행본

Arnett, Jeffrey Jensen. *Emerging Adultgood: the Winding Road from the Late Teens through the Twenties*, New York: Oxford, 2004.

Mannheim, Karl. *the Problem of Generationd in K. Mannheim, Essays on the Sociology of Knowledge*, New York: Oxford Unversity Press. 1952.

Mruk, Christopher J. *Self-esteem Research, Theory, and Practice: Toward a Positive Psychology of Self-esteem*, New York: Springer Publishing Company, 2006.

Levinson, Daniel J. *The Season of a Man's Life*. New york: ballantine, 1978.

Parks, Sharon 4. T*he Critical Year: The Young Adult Search For a Faith to Live by*. San Francisco: Haper & Row, 1986.

Parks, Sharon 4. Big Questions, *Worthy Dreams: Mentoring Young Adults in their Search for Meaning purpose, and Faith*. New York: Jossey-Bass, 2000.

Riley, Martilda. W. *Age strata in social Systems in R. H. Binstock & 5.Shanas(eds), Handbook of Aging and the social sciences*. New York: 1985.

외국어 소논문

Schuman, H. & Scott. J. "Generation and collective memories." American Sociological Review, 1989.

Spitzer, Alan 2. "The Historical Problem of Generation." American Historical Revew, 1973.